TOUTANKHAMON

La saga égyptienne de Violaine VANOYEKE *Les Pharaons du Soleil* se déroule sous la XVIIIe dynastie.

Dans le cadre de cette saga, Violaine VANOYEKE a consacré :

– une trilogie à « La Pharaonne » Hatchepsout :

LA PHARAONNE

* *La Princesse de Thèbes*
** *Le Pschent royal*
*** *Le Voyage d'éternité*

– une trilogie au pharaon « Thoutmosis » :

THOUTMOSIS

* *Le Rival d'Hatchepsout*
** *L'Ibis indomptable*
*** *Au royaume du Sublime*

– une trilogie au pharaon « Aménophis » :

AMÉNOPHIS

* *Le Prince de lumière*
** *Le Breuvage d'amertume*
*** *Vénérable Tiyi*

– une trilogie à « Néfertiti et Akhenaton » :

NÉFERTITI ET AKHENATON

* *La Belle est venue*
** *L'Horizon d'Aton*
*** *Le Faucon d'or*

– une trilogie à « TOUTANKHAMON »

* *L'Héritier*
** *La Fille de Néfertiti*
*** *Le Pharaon assassiné*

– une trilogie à « AŸ » (à paraître)

VIOLAINE VANOYEKE

TOUTANKHAMON

***

Le Pharaon assassiné

ROMAN

Michel LAFON

7-13, boulevard Paul-Émile-Victor – Île de la Jatte
92521 Neuilly-sur-Seine Cedex

DU MÊME AUTEUR

L'Art aux yeux pers, Le Cherche-Midi, 1980, *poésie*. Prix Jean Christophe.
Torrent, R.E.M., Lyon, 1983, *poésie*. Album avec interprétation au piano de Violaine Vanoyeke.
L'Harmonie et les arts en poésie, Monaco, 1985, *anthologie*.
Le Mythe en poésie, Monaco, 1986, *anthologie*.
Cœur Chromatique, R.E.M., Lyon, 1986, *poésie*. Album avec accompagnement musical interprété au piano par Violaine Vanoyeke. Interprétations des textes avec Dominique Paturel.
Clair de Symphonie, J. Picollec, 1987, *roman*.
Messaline, Robert Laffont, 1988, *roman*. Traduit en espagnol, portugais, grec, coréen, bulgare, polonais...
Le Druide, Sand, 1989, *roman*.
Au bord du Douro, Lizier, Luxembourg, 1989, *poésie*.
Les Louves du Capitole, Robert Laffont, 1990, *roman*. Prix littéraire de l'été 1990. Traduit en espagnol, portugais...
La Prostitution en Grèce et à Rome, Belles Lettres, 1990, *histoire*. Traduit en espagnol, en grec, en japonais, en tchèque...
Le Crottin du diable, Denoël, 1991, *roman*. Prix de l'Association de l'assurance et des banques, 1992.
Les Bonaparte, Critérion, 1991, *histoire*.
La Naissance des Jeux Olympiques et le sport dans l'Antiquité, Belles Lettres, 1992, *histoire*.
Les Grandes Heures de la Grèce antique, Perrin, 1992, *histoire*. Repris au Grand Livre du Mois.
Les Sévères, Critérion, 1993, *histoire*.
Les Schuller, Presses de la Cité, 1994-1995, *romans* :

* *Les Schuller*, Presses de la Cité, 1994.
** *Le Serment des Quatre Rivières,* Presses de la Cité, 1995.

Hannibal, France-Empire, 1995, *histoire/biographie.*
Paul Éluard, le poète de la liberté, Julliard, 1995, *histoire/biographie.*

Le Secret du pharaon (série), L'Archipel, *romans* :
* *Le Secret du Pharaon*, L'Archipel, 1996. Traduit en espagnol, portugais, catalan, tchèque, slovaque, hongrois... Repris au Grand Livre du Mois (1996), par Succès du Livre (1997), à Presses Pocket (1997), Le Chardon bleu (1997).
** *Une mystérieuse Égyptienne*, L'Archipel, 1997, *roman*. Traduit en espagnol, tchèque, portugais, hongrois, slovaque... Repris par Succès du Livre (1998), à Presses Pocket (1999), Le Chardon bleu (1999).
*** *Le Trésor de la reine-cobra*, L'Archipel, 1999. Traduit en slovaque, tchèque, hongrois... Repris par Succès du Livre, Presses Pocket (1999).

Quand les athlètes étaient des dieux, Les Jeux Olympiques de l'Antiquité, Fleurus, Collection « Encyclopédie Fleurus », 1996, *ouvrage pour la jeunesse*.
Ramsès, série radiophonique, 1995-1996.
Périclès, Tallandier, 1997, *histoire/biographie*. Traduit en portugais, espagnol... Repris au Grand Livre du Mois (1997).

Les Histoires d'amour des pharaons (série), Michel Lafon :
* *Les Histoires d'amour des pharaons : Néfertiti et Akhenaton ; Ramsès II et Néfertari ; Tyi et Ramsès III ; César et Cléopâtre ; Antoine et Cléopâtre,* Michel Lafon, 1997. Traduit en italien, espagnol, turc, portugais, hongrois, tchèque... Repris au Grand Livre du Mois (1997), par Succès du Livre (1999), au Livre de Poche (1999).
** *Les Histoires d'amour des pharaons II : Ahmosis et Ahmès-Néfertari ; Tiâa et Aménophis II ; Tout-Ankh-Amon et Ankhsepaton ; Séthi II et Taousert*, Michel Lafon, 1999. Traduit en espagnol, portugais, hongrois, tchèque... Repris au Livre de Poche (2000).
Chaque histoire a été publiée au Chardon Bleu, en 9 volumes (2000).

La Passionnée, Michel Lafon, 1997, *roman*. Traduit en espagnol...

De la prostitution en Alsace (collectif), Le Verger, 1997, *histoire*.

Les Dynasties pharaoniques (série), Tallandier, *histoire* :
* *Les Ptolémées, derniers pharaons d'Égypte*, Tallandier, 1998. Traduit en espagnol, portugais...

Les Pharaons du Soleil (saga-collection), Michel Lafon :
1) *La Pharaonne Hatchepsout* (trilogie), Michel Lafon, *romans* :
* *La Princesse de Thèbes*, Michel Lafon, 1998. Nouvelle édition, 1999. Traduit en portugais, hongrois, tchèque, turc... Repris au Livre de Poche (2000) et par Succès du Livre (2002). Publié avec le livret « Apprenez les hiéroglyphes avec Hatchepsout ».
** *Le Pschent royal*, Michel Lafon, 1998. Nouvelle édition, 1999. Traduit en portugais, hongrois, tchèque, turc... Repris au Livre de Poche (2000) et par Succès du Livre (2002).
*** *Le Voyage d'éternité*, Michel Lafon, 1999. Traduit en portugais, tchèque, hongrois, turc... Repris au Livre de Poche (2000) et par Succès du Livre (2002).

– *La Pharaonne Hatchepsout* sous coffret (œuvre intégrale), 2002.

2) *Thoutmosis* (trilogie), Michel Lafon, *romans* :
* *Le Rival d'Hatchepsout*, Michel Lafon, 2000. Repris au Grand Livre du Mois, au Livre de Poche (2002), à Succès du Livre.
** *L'Ibis indomptable*, Michel Lafon, 2000. Repris au Grand Livre du Mois, au Livre de Poche (2002).
*** *Au royaume du Sublime*, Michel Lafon, 2000. Repris au Grand Livre du Mois, au Livre de Poche (2002).

3) *Aménophis* (trilogie), Michel Lafon, *romans* :
* *Le Prince de lumière*, Michel Lafon, 2001. Repris au Grand Livre du Mois (2001) au Livre de Poche et par Succès du Livre.
** *Le Breuvage d'amertume*, Michel Lafon, 2001. Repris au Grand Livre du Mois, au Livre de Poche et par Succès du Livre.

*** *Vénérable Tiyi*, Michel Lafon, 2002. Repris au Grand Livre du Mois, au Livre de Poche et par Succès du Livre.

4) *Néfertiti et Akhenaton* (trilogie), Michel Lafon, *romans* :
* *La Belle est venue*, Michel Lafon, 2002. Repris au Grand Livre du Mois (2003) et au Livre de Poche.
** *L'Horizon d'Aton*, Michel Lafon, 2002. Repris au Grand Livre du Mois et au Livre de Poche.
*** *Le Faucon d'or*, Michel Lafon, 2003. Repris au Grand Livre du Mois et au Livre de Poche.

5) *Toutankhamon* (trilogie), Michel Lafon, *romans* :
* *L'Héritier*, Michel Lafon, 2003. Repris au Grand Livre du Mois et au Livre de Poche.
** *La Fille de Néfertiti*, Michel Lafon, 2004. Repris au Grand Livre du Mois et au Livre de Poche.
*** *Le Pharaon assassiné*, Michel Lafon, 2004. Repris au Grand Livre du Mois et au Livre de Poche.

Violaine Vanoyeke, Les Pharaons mènent à la vie éternelle, autobiographie, Michel Lafon, 2001. Repris au Livre de Poche, 2002.

Zénobie, l'héritière de Cléopâtre, histoire, Michel Lafon, 2002. Repris au Livre de Poche.

Les Voluptueuses, de l'Égypte à Rome, histoire, Michel Lafon, 2003. Repris au Grand Livre du Mois (2003), au Livre de Poche.

Discographie

Bach, Beethoven, Debussy, Chopin, R.E.M., Lyon, Violaine Vanoyeke, piano.
Chopin, Debussy, Schumann, R.E.M., Lyon, Violaine Vanoyeke, piano.
Torrent, R.E.M., Lyon, Violaine Vanoyeke, piano.
Cœur chromatique, R.E.M., Lyon, Violaine Vanoyeke, piano.

Violaine Vanoyeke est l'auteur de nombreuses préfaces et articles parus dans des revues spécialisées et dans *Historia, Chroniques de l'Histoire, Le Spectacle du monde, Le Quotidien de Paris, L'Histoire, Science et Vie, France-Soir, Géo, Voyager, Version Femme, Vous et votre avenir, Croisières Magazine, Bon Voyage*...

À ma mère.

« Je crois en la justice.
Je l'affirme :
Le crime n'apporte rien
Jamais et à personne. »

Le sage Ptahhotep
(Précepte daté d'environ 2270 avant J.-C.)

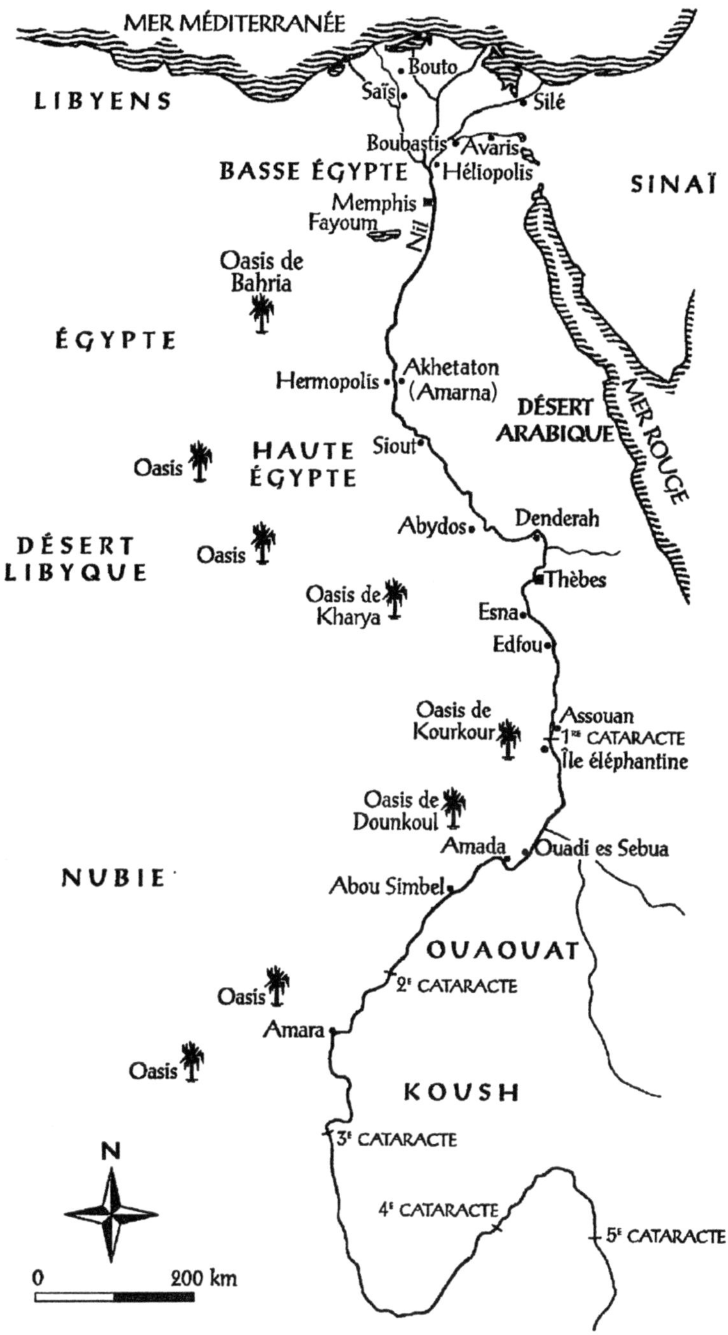

L'Égypte et la Nubie

La Grèce antique et l'Asie

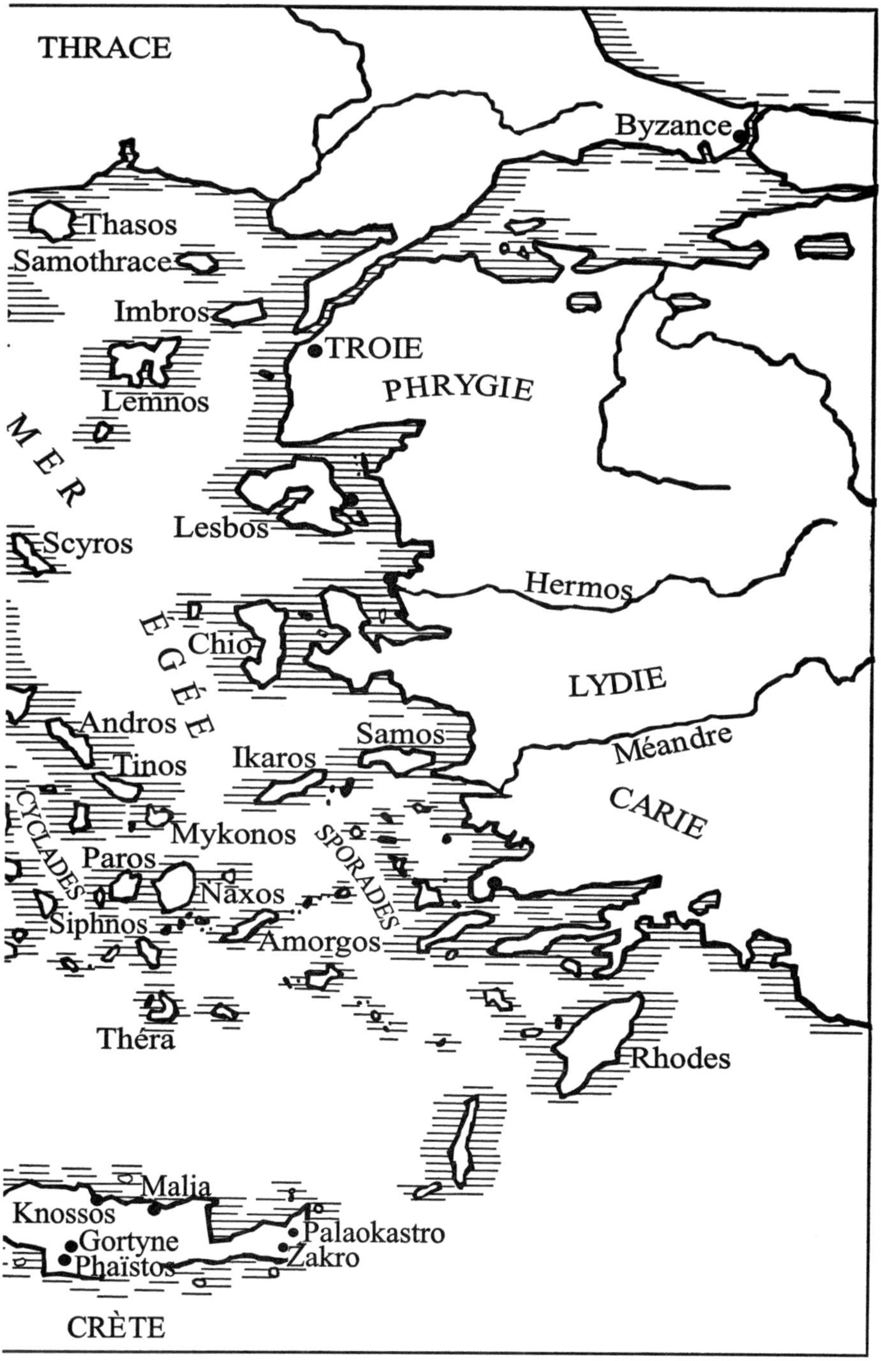
THRACE
Byzance
Thasos
Samothrace
Imbros
TROIE
PHRYGIE
Lemnos
MER
Lesbos
Scyros
Hermos
ÉGÉE
Chio
LYDIE
Andros
Samos
Méandre
Tinos
Ikaros
CARIE
CYCLADES
Mykonos
SPORADES
Paros
Naxos
Siphnos
Amorgos
Théra
Rhodes
Malia
Knossos
Palaokastro
Gortyne
Phaïstos
Zakro
CRÈTE

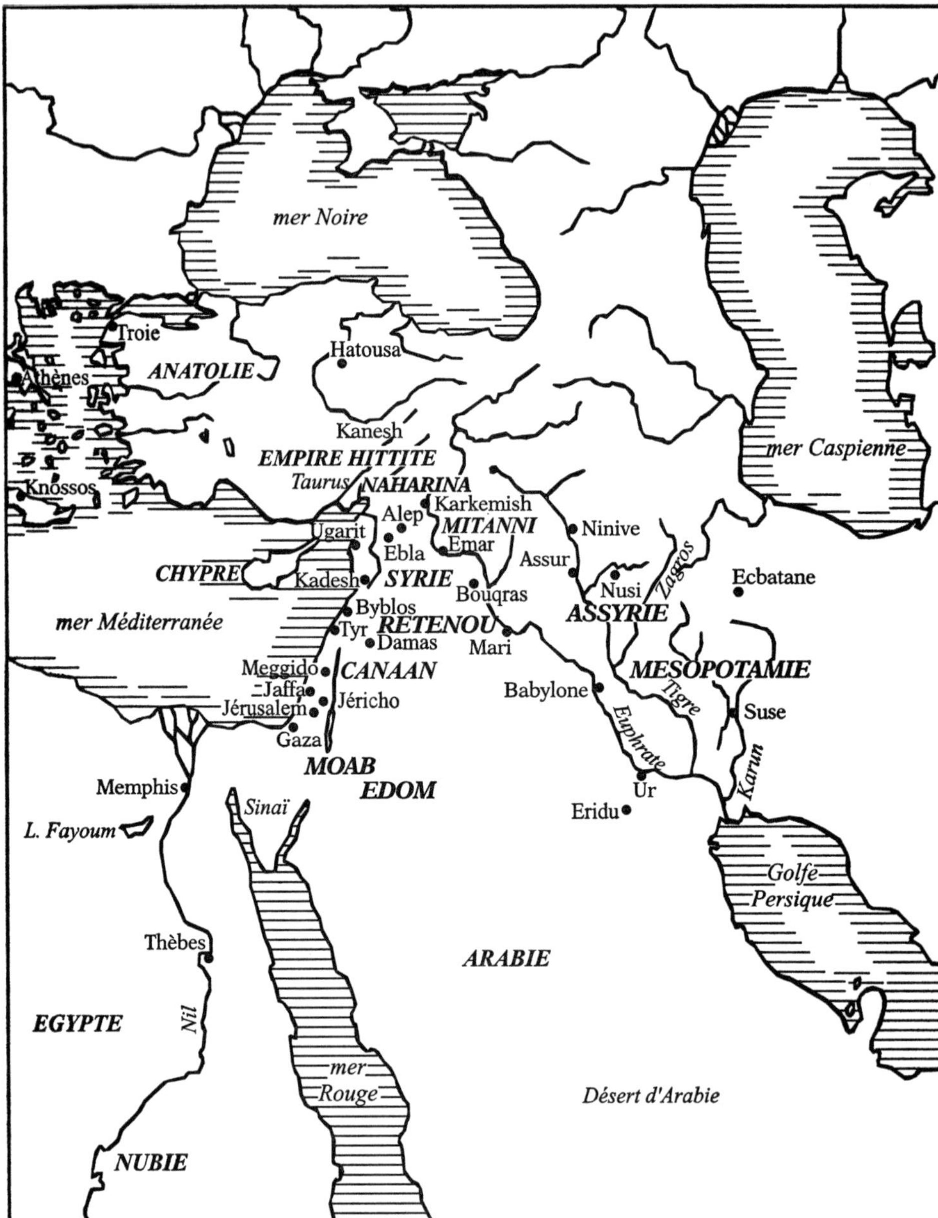

Anciens pays du Proche-Orient (XVe siècle av. J.-C.)

Avant-propos

La XVIIIe dynastie commence avec le pharaon Ahmosis. Ce roi s'illustra en repoussant des envahisseurs appelés « Hyksos » qui régnèrent en Égypte. Les Indo-Européens s'installaient alors en Asie Mineure.

Aménophis Ier, fils d'Ahmosis et d'Ahmès-Néfertari, et son gendre Thoutmosis Ier surent protéger le territoire de leur ancêtre.

Thoutmosis Ier fut un général exceptionnel. Il eut avec sa première épouse un fils qui fut appelé Thoutmosis II. Marié à sa demi-sœur Hatchepsout, seule héritière de sang royal, Thoutmosis II n'exerça le pouvoir que peu de temps. Il eut une fille avec Hatchepsout : Néférou-Rê. Celle-ci semble morte très jeune bien qu'une inscription fasse peut-être allusion à elle à une époque où Thoutmosis III régnait seul et où Hatchepsout avait disparu. Sans doute Thoutmosis II et Hatchepsout eurent-ils une seconde fille appelée Méryrêt-Hatchepsout II.

Je suis aujourd'hui la seule à avoir reconstitué la vraie vie d'Hatchepsout qui était, lorsque j'ai entrepris ce labeur comme une enquête policière, une véritable énigme. Je suis également la première à m'y être sérieusement intéressée et à y avoir consacré une bonne partie de ma vie. Pendant ces recherches, je n'ai d'ailleurs rencontré personne, sur quelque lieu et dans quelque pays que ce fût qui eût mon objectif : reconstituer au détail près et avec la plus grand minutie possible la vie d'Hatchepsout. Une entreprise gigantesque qui m'a conduite à reconstituer aussi celles de ses aïeux et de ses descendants. Aujourd'hui, alors même que je poursuis ce travail, je suis amenée à sillonner toutes les régions ou à examiner tous les documents et toutes les inscriptions qui permettent encore et toujours de parfaire nos connaissances.

Lorsque j'ai commencé mon travail chez les Égyptiens qui m'appellent depuis « La Pharaonne » et que je l'ai poursuivi en Grèce, à Chypre, au Liban et dans tous les pays où s'étaient rendus les rois de la XVIIIe dynastie, leurs soldats ou leurs fonctionnaires, j'ai avancé, au regard de mes conclusions et des découvertes, des hypothèses qui se sont révélées exactes des années plus tard. Je renvoie les lecteurs à ma trilogie « *La Pharaonne* » *Hatchepsout* [1] et à mon autobiographie *Les pharaons mènent à la vie éternelle* [2], qui est le complément historique indispensable de ma trilogie sur Hatchepsout et de ma saga sur la XVIIIe dynastie. On y trouve la biographie que j'ai reconstituée sur Hatchepsout et j'y décris la manière dont je suis parvenue à donner des réponses à toutes les questions que l'on se posait. Qui était Hatchepsout ? Combien de temps avait-elle régné ? Comment s'était-elle imposée sur le trône alors qu'elle n'était encore qu'une enfant ? Pourquoi son père avait-il décidé de la former à son rôle de roi ? Qui était son architecte Senmout ? Hatchepsout avait-elle combattu en Asie ? En

1. Voir la trilogie « *La Pharaonne* » *Hatchepsout*, Violaine VANOYEKE, également parue sous coffret, Éd. Michel Lafon.

2. Voir l'autobiographie, *Les pharaons mènent à la vie éternelle*, Violaine VANOYEKE, Éd. Michel Lafon.

Nubie ? Senmout et Hatchepsout avaient-ils été assassinés ? Néférou-Rê devait-elle prendre la succession d'Hatchepsout ? Avait-elle été la première Grande Épouse de Thoutmosis III ? Hatchepsout et Thoutmosis III étaient-ils rivaux ? Senmout avait-il voulu devenir pharaon ? Que nous apportaient l'exploration des deux tombes d'Hatchepsout, qui sont extrêmement difficiles d'accès, la première nécessitant des notions d'alpinisme, la seconde étant longue et pentue (*cf.* mon autobiographie) ainsi que l'analyse des deux tombes de Senmout et de celle de ses parents ? Comment s'effectuaient les expéditions dans les pays lointains comme celles du Pount ou du Sinaï ?

Je raconte, là encore dans mon autobiographie, comment je suis repartie sur les pistes des anciens mineurs de turquoise et de malachite au plein cœur du Sinaï, sur des sites difficilement abordables, et comment j'ai reconstitué le parcours des soldats partant en campagne vers l'Asie ou l'Euphrate.

J'ai également apporté des réponses à bien d'autres questions : comment une femme telle qu'Hatchepsout pouvait-elle devenir pharaon ? Comment expliquer ses tranformations et sa volonté d'apparaître en homme ? Comment a-t-elle reconstitué sa naissance divine ? Quelles étaient ses constructions à Karnak et pourquoi certaines d'entre elles ont été jugées trop originales et trop « révolutionnaires » ? Que nous révélait le temple d'Hatchepsout et notamment sa troisième terrasse qui vient d'être ouverte, en partie, au public ? Comment expliquer sur ce temple la double chapelle d'Anubis ? Que nous apportait l'inestimable inscription du sanctuaire du Speos Artemidos en Moyenne Égypte construit par Hatchepsout et Thoutmosis en l'honneur de Pakhet ? J'ai également publié à ce sujet de nombreux articles scientifiques et les journalistes m'accompagnent régulièrement, depuis des années, sur les lieux de mes travaux, rendant ainsi compte de l'avancée de cette gigantesque entreprise.

Depuis la parution de mes ouvrages et articles, d'autres livres ont été publiés sur le sujet reprenant mes conclusions d'une manière souvent confuse et ne citant pas toujours leurs sources... Or, pour réussir à reconstituer la vie d'Hatchepsout à partir d'un gigantesque puzzle de données, éparpillées dans de nombreuses régions et dans plusieurs pays, il m'a fallu, sur le terrain, suivre en permanence des pistes parfois ardues. Comme je suis actuellement la seule à effectuer ce travail, je l'ai naturellement étendu à toute la dynastie.

Mon travail sur les prédécesseurs et les successeurs d'Hatchepsout et sur l'ensemble de la XVIIIe dynastie se poursuit et j'ai coutume de faire profiter les lecteurs de mes romans de mes dernières découvertes en la matière. Mon expérience du terrain me permet d'appréhender au mieux une telle époque et de tels rois car il faut, pour ce faire, travailler dans de nombreux pays du bassin méditerranéen mais aussi dans d'autres pays plus difficiles d'accès, ce que je fais régulièrement. Ce travail réclame des conditions physiques parfois exceptionnelles pour escalader des montagnes, descendre des falaises abruptes ou ramper dans les tombes. Il faut également faire face à des coûts importants et j'en profite pour remercier tous ceux qui m'ont spontanément apporté leur aide parmi lesquels plusieurs entreprises internationales.

Il est impossible de reconstituer la vie de personnages comme Hatchepsout, Néfertiti ou Akhenaton sans travailler sur place. À chaque saison, je découvre des détails nouveaux, jusque-là laissés de côté, qui me permettent de compléter la vie d'Hatchepsout, des Thoutmosides, des Aménophis... si bien que des thèses que j'ai fait admettre il y a dix ans sont reprises aujourd'hui par tous.

*
**

Méryrêt-Hatchepsout II se maria avec Thoutmosis, troisième du nom, fils de Thoutmosis II et d'une fille du harem, Iset.

Thoutmosis III devint pharaon à la mort de son père Thoutmosis II. Hatchepsout, qui devait assurer la régence, s'imposa comme Pharaon à part entière dans la septième année du règne. Elle régna pendant vingt-deux ans, laissant son neveu Thoutmosis III à l'écart. S'entourant de fonctionnaires et de prêtres dévoués à sa personne, organisant des expéditions dans les pays les plus lointains, combattant elle-même les Nubiens, restaurant les temples en ruines, elle sut s'affirmer dans une Égypte prospère.

Mais les peuples d'Asie devenant menaçants, Thoutmosis III[1] allait devenir le sauveur de l'Égypte, le plus grand pharaon de tous les temps, celui qui passerait l'Euphrate pour imposer la puissance de l'Égypte en Asie. Son épopée demeure exceptionnelle. Après avoir vécu dans l'ombre d'Hatchepsout, la pharaonne fille d'Amon, Thoutmosis III devait briller au firmament de l'Histoire.

Aménophis II, le fils qu'il eut avec la reine Tiâa prit, à sa mort, la tête d'un pays gigantesque. Parce qu'ils avaient favorisé les échanges entre l'Égypte et les autres pays, Hatchepsout et Thoutmosis III avaient ouvert l'Égypte à de nouvelles religions. Les héritiers de la

1. Voir *Thoutmosis*, Violaine VANOYEKE, Éd. Michel Lafon.

dynastie allaient changer la face du monde dans un tournant fondamental de l'Histoire. Thoutmosis IV épousa des princesses mitanniennes. Son fils, Aménophis III[1] allait devenir l'un des plus grands bâtisseurs. Son nom reste lié au temple de Louxor et aux Colosses de Memnon qui flanquaient son temple de millions d'années à Thèbes-Ouest. Il fit construire non loin de là le domaine de Malqatta où vécut la cour, ainsi que de nombreux temples en Nubie. Son épouse Tiyi fut l'une des plus grandes reines d'Égypte, qui entretenait alors des liens privilégiés avec le Mitanni menacé par les Hittites. Des royaumes nouveaux s'imposaient, d'anciennes villes au pouvoir déchu revenaient sur le devant de la scène. Peu à peu se dessinait l'adoration en un dieu unique, une divinité solaire.

Déjà, sous le règne d'Hatchepsout, comme je l'ai démontré ailleurs, « la Pharaonne » tendait à adorer exclusivement le dieu Amon et la déesse Hathor, qu'elle disait être sa nourrice, une vénération proche du monothéisme qui aurait entraîné, *a posteriori*, le martelage de son nom sur les murs des temples et sur les listes pharaoniques.

J'ai déjà expliqué, dans plusieurs articles parus il y a dix ans, qu'Hatchepsout, comme d'autres rois de la XVIIIe dynastie, avait délaissé le culte d'Osiris à Abydos et qu'il était possible de voir dans le martelage du nom d'Hatchepsout une vengeance des prêtres d'Osiris, dieu des morts au rôle primordial pour la vie dans l'Au-Delà, qui était en quelque sorte « remplacé », dans l'esprit d'Hatchepsout, par la déesse-vache Hathor. Ce martelage pouvait aussi avoir été fait par des adorateurs du

1. Voir *Aménophis*, Violaine VANOYEKE, Éd. Michel Lafon. À la fin de chaque trilogie se trouve une mise au point sur les découvertes récentes.

dieu solaire Aton qui auraient effacé l'image du dieu Amon, celle d'Hatchepsout qui se prétendait « fille d'Amon », celles de Mout et du favori d'Hatchepsout, Senmout, dont le nom aurait alors été confondu avec celui de Mout. D'autres martelages ont, bien entendu, été effectués par des successeurs d'Hatchepsout comme cela se pratiquait souvent, les pharaons mettant ainsi leur nom à la place de celui de leurs prédécesseurs.

Ce qui importe est la thèse que j'ai avancée il y a plusieurs années et qui me paraît, aujourd'hui, de plus en plus évidente. Les premiers souverains de la XVIIIe dynastie tendaient au monothéisme bien avant le règne d'Akhenaton, un monothéisme qui a été favorisé par les échanges effectués avec les autres pays et par des peuples qui se sont installés en Égypte et qui a abouti à la création d'une ville en l'honneur du seul dieu Aton, « Akhetaton ».

Amoindrie par la peste qui n'épargna pas la famille royale, l'Égypte dut également supporter la révolte des prêtres d'Amon qui s'opposaient à l'adoration du dieu unique Aton. Pour renforcer son pouvoir, Akhenaton accepta de régner avec son demi-frère Semenkharê quelques mois avant son décès. À la même époque disparurent la reine Tiyi, Néfertiti et plusieurs de ses filles.

Je place, à la fin de chaque trilogie, des explications sur les mystères et les découvertes actuelles au sujet des personnages et des périodes que je traite : un point historique réactualisé qui me paraît essentiel pour les lecteurs souhaitant tout savoir sur les fouilles et les recherches en cours. Un cahier-photos central permet aussi aux lecteurs d'« entrer » parfois dans des lieux interdits au public ou difficiles d'accès. Le choix de statues, d'objets retrouvés à Amarna (autrefois Akhetaton), à Louxor, en Nubie ou à Saqqarah que j'ai fait, les temples ou les tombes fermées au public, les peintures de la vie quotidienne sous la XVIIIe dynastie permettent ainsi aux lecteurs de « rencontrer » les figures de cette dynastie et d'estimer leurs réalisations.

Violaine VANOYEKE

Résumé des tomes 1 et 2

Après la mort de Néfertiti et d'Akhenaton, le jeune Semenkharê, fils d'Aménophis III, devient le seul roi d'Égypte. Il décide d'épouser Meritaton, l'une des filles de Néfertiti. Akhenaton a laissé une Égypte affaiblie. Se désintéressant des guerres, il a permis à ses ennemis de prendre l'ascendant. Ses alliés ne versent plus leurs tributs. Les adversaires ne respectent plus les traités de paix. En vénérant un dieu unique, le dieu solaire Aton, Akhenaton a soulevé le mécontentement du clergé d'Amon, autrefois tout-puissant à Thèbes. Mais le roi n'a-t-il pas créé une nouvelle ville pour son dieu : la cité d'Akhetaton (actuelle Amarna en Moyenne-Égypte) où vivent les Égyptiens les plus influents ?

Pour que l'Égypte retrouve sa puissance, Semenkharê, aidé du général Horemheb, qui a épousé la sœur de Néfertiti, et d'Aÿ, le propre père de Néfertiti, va revenir sur les cultes d'Aton et rétablir ceux des autres dieux égyptiens. Il est conscient qu'il doit restaurer les temples et les statues des dieux qu'Akhenaton a fait détruire ou marteler. Il faut également envoyer des expéditions à l'étranger pour s'imposer. Mais, alors qu'Akhenaton vient d'être enterré, Toutankhaton apprend de la bouche même de Semenkharê qu'il pourrait être le fils d'Akhenaton et non celui d'Aménophis III comme il le croyait jusque-là. La famille royale perd Meritaton. Une jeune femme pourrait alors devenir reine : sa sœur Ankhesepaaton. Mais celle-ci est promise à Toutankhaton.

Semenkharê meurt à son tour, laissant le trône à Toutankhaton qui épouse Ankhesepaaton. Tous deux prennent les noms de Toutankhamon et Ankhesenamon et s'installent à Thèbes. Mais de hauts fonctionnaires, aidés des Grands prêtres d'Aton, complotent contre le roi...

Dix-huitième partie

I

Des nuées blanchâtres balayaient la surface du Nil légèrement agitée. À l'aube, le fleuve qui traversait le pays de Koush avait des reflets argentés, un peu tristes, qui miroitaient à la lumière comme des écailles de poissons.

Houy n'aimait guère cette heure trop calme où il pouvait, cependant, écrire ses rapports en toute tranquillité. Ses six assistants s'asseyaient devant lui et respectaient son travail. Lorsqu'il avait besoin d'un document ou d'une information, il levait seulement la tête. Les Égyptiens étaient aussitôt au garde-à-vous.

Mais le calame ne glissait pas facilement sur le papyrus du responsable de Koush, ce matin-là. L'ami du pharaon Toutankhamon était encore paralysé par le cauchemar qu'il avait fait à l'aube. Il n'osait en parler à sa mère ou à ses frères. « Ils seraient inquiets. »

Houy travaillait dans une petite maison en argile, ombragée par des vignes. Il avait l'habitude de laisser sa porte ouverte afin d'entendre les chants matinaux des oiseaux et le clapotis des coques de bateaux sur le Nil. Il avait, pourtant, fait entourer presque toutes les villes de Koush d'une enceinte afin de les protéger d'une invasion car les autochtones se révoltaient régulièrement contre le pharaon.

Les six assistants attendaient les ordres de Houy qui ne parlait toujours pas. « Comment dois-je interpréter ce songe ? Je voyais Toutankhamon étendu mort sur sa couche. Mon ami, un roi si jeune... »

Comme le scribe Kha, le responsable de l'or Hornéfer et Hati, le chef des écuries, entraient dans son bureau, Houy jugea prudent de ne rien leur dire.

– Le grand jour est arrivé ! dit Kha en congratulant Houy avec affection.

– Je le crois. Je me suis occupé des impôts, des expéditions et du moral du peuple.

– L'or, l'ébène, le bois sont chargés.

– Que reste-t-il à faire ?

– Rien. Les bateaux sont prêts à partir.

– Bien ! Je veux que vous veniez avec moi à Thèbes. Mes frères m'accompagneront également.

– Et la dame Ounéfer ?

– Ma mère fera comme elle le souhaitera.

– Elle voudra sans doute voir son fils récompensé une nouvelle fois ! dit Kha.

– J'avais promis à Pharaon d'achever mon travail dès que possible. Le moment est venu de faire mon rapport.

– Le roi sera comblé ! ajouta Hornéfer.

– Je suis assez fier de moi et de tous les Nubiens qui ont retrouvé courage. Ils ont travaillé sans cesse.

– Les ouvriers ont bien avancé la restauration des temples.

– Tout s'est bien passé. Nos expéditions minières ont été fructueuses. Je vais apporter au roi suffisamment de biens pour qu'il puisse envisager une campagne en Asie. Je suis heureux de servir ainsi mon roi et je lui souhaite Vie, Santé, Force.

En prononçant ces mots, Houy devint plus grave.

– Que se passe-t-il ? lui demanda Kha, inquiet.

– Rien. Laisse-moi terminer ce travail, et continuez les préparatifs. Nous ferons hisser les voiles dans quelques jours.

– Nous pouvons partir dès demain matin...

– J'ai encore besoin de réfléchir. Certains chefs de villages se montrent menaçants. Je ne voudrais pas laisser croire à Pharaon qu'il peut circuler ici en toute tranquillité. Je pèse chacun de mes mots. Je tente de ne rien oublier.

– Il ne faudrait pas tarder si nous voulons arriver à temps...

– Préviens ma mère. J'ai conscience qu'il faudra embarquer dès que possible.

Bien qu'il ne fût guère superstitieux, Houy s'interrogeait souvent sur les songes qu'il faisait. Cette fois-ci, la vision du roi blessé et de la reine Ankhesenamon qui sanglotait à son chevet le tourmentait.

– Je n'arrive pas à me concentrer. Je ne puis quitter la Nubie sans avoir achevé ce travail essentiel que je remettrai en personne au roi.

Il finit par se raisonner.

– Tant de rêves ne se produisent jamais !

Mais celui qui lui avait montré le pharaon inconscient était si exceptionnel et si troublant ! Houy frissonna. Il passa ses mains sur ses bras comme s'il avait froid alors qu'il faisait déjà extrêmement chaud. Il se leva, guetta les oiseaux dans les buissons, regarda le ciel.

– Tout est calme. Pourquoi s'inquiéter ?

Mais il n'aurait pas été étonné de voir un messager royal arriver jusqu'à lui et lui déclarer que Toutankhamon avait eu un accident.

– Ce serait une catastrophe... Toutankhamon que j'aime tant et qui saura tant se faire aimer du peuple !

Comme l'encre avait séché, il en réclama à son scribe qui lui proposa ses services.

– Je préfère rédiger seul ces rapports confidentiels.

Quand le scribe fut sorti, Houy s'assit de nouveau en tailleur devant son papyrus. Près de lui avait été placée une représentation du dieu Thot, divinité de l'écriture.

– Inspire-moi, Ibis et Babouin. Je souhaite achever ces textes pour embarquer au plus tôt. Je saurai ainsi si mes songes de cette nuit sont des fables ou s'ils ont un lien avec la réalité !

*
**

Dans le même temps, Toutankhamon avait pris la décision de retourner à Thèbes. Après moult tergiversations, il décida de suivre, les yeux fermés, les conseils d'Horemheb. Le roi ne cachait pas sa joie de revoir Houy. Pour le recevoir, il avait préparé une grande cérémonie digne des plus hauts fonctionnaires.

Habillé de ses robes d'apparat, le couple royal alla prendre place sous un dais magnifique disposé dans la cour du palais royal de Malqatta. Tout avait été étudié. Les colonnes soutenant le dais étaient torsadées. Elles s'ouvraient, parfois, en forme de lotus. Les torsades elles-mêmes étaient travaillées avec une finesse exemplaire. Dorées d'une couleur alternant avec le bronze, elles laissaient paraître des grappes de raisins rappelant que la vigne était abondante à Thèbes. Tout autour de la corniche se succédaient des scènes mythologiques ou des têtes de cobras levées. Le socle de l'estrade était suffisamment épais pour représenter de larges fresques où s'enchaînaient les croix de vie et des oiseaux aux ailes déployées représentant l'âme des humains, alternant parfois avec des scènes de prisonniers entravés qui rendaient hommage au roi.

Le pharaon savait par Houy que le défilé des Nubiens serait imposant et que les cadeaux apportés à Thèbes seraient nombreux. Aussi avait-il prévu un espace suffisant pour les réjouissances et la réception des dons. Seule la cour du palais royal paraissait assez grande pour les accueillir dignement.

Houy ne rencontra pas le roi avant les fêtes. Après avoir installé sa mère, il se présenta devant Toutankhamon avec le flabellum et le crochet, symbole de sa fonction. Il était chargé de clamer les noms des Grands de Koush qui apportaient les tributs au roi. Mais avant d'écouter les discours de ces fonctionnaires, Toutankhamon reçut les vassaux de l'Égypte qui venaient de la région de Ouaouat.

Le prince Hékanéfer s'avança devant le roi et manifesta sa joie de le retrouver. Il ne pouvait oublier les cours qu'il avait eus en commun avec son ami Toutankhamon. Encadré de trois princes de Ouaouat, il se jeta à ses pieds. Toutankhamon sourit. Il avait très envie de serrer dans ses bras ceux qu'il considérait comme de fidèles compagnons. Ankhesenamon devina ses pensées et lui serra le poignet pour lui rappeler sa fonction.

Hékanéfer présenta, alors, au pharaon des meubles magnifiques, des tabourets et des pliants en ébène au siège en tissu moelleux décoré d'étoiles et de ronds. Ces pliants étaient typiquement nubiens. Les vassaux du roi firent défiler des fauteuils plus imposants, des lits de camps et des couches plus larges, pliantes ou fixes, des armes, des boucliers, des bijoux, de l'or.

– Et ces sacs ? demanda le roi.

– Ils sont remplis d'or, répondit Hékanéfer. De la

poudre d'or la plus pure que tu puisses trouver ! Et voilà les coupes !

La reine s'émerveilla devant les couleurs variées et magnifiques qui agrémentaient les récipients pleins de cornaline, de jaspe, d'ivoire et de lapis-lazuli. Elle voulait toucher les défenses d'éléphant, les boomerangs en bois précieux et les flèches en ébène.

Le roi et la reine poussèrent de véritables clameurs, en voyant le char s'avancer devant eux. Il était entièrement en or. Le *naos* était, lui aussi, plaqué d'or. Le clou du défilé était, sans nul doute, un petit meuble sur lequel avait été posé un plateau. Au-dessus, une représentation étonnante, émouvante et fidèle de Ouaouat.

– Quel travail d'artiste ! reconnut Toutankhamon.

Une hutte avait été représentée au centre. Des palmiers l'entouraient. Des animaux exotiques tentaient d'attraper les dattes qui pendaient. Quelques Nubiens avaient été sculptés dans du bois précieux.

Hékanéfer fit étendre aux pieds de la reine des peaux de bêtes sauvages.

– Celles-ci sont plus petites, expliqua le prince de Ouaouat en montrant deux pièces du tribut.

– Je suis étonnée par un tel travail ! dit Ankhesenamon. Il faudrait que nous engagions à la cour ces artistes nubiens !

– Si tu me les prends, je ne pourrai plus t'offrir de si beaux cadeaux ! dit Hékanéfer. Laisse-les dans mes ateliers !

Le roi tendit la tête.

– Qui vient maintenant devant moi ?

– Une princesse et des princes nubiens.

– Ils ont adopté le costume égyptien.

– Oui. Mais ils ont refusé de se défaire de leurs boucles d'oreilles et de leurs queues de fauve.

Des serviteurs apportèrent encore de l'or, des bijoux, des peaux et un char.

– Cette princesse te les offre de la part de Houy, pharaon.

La jeune femme, magnifique, s'avança sous un large parasol. Ankhesenamon la regarda froidement.

– Elle est très belle, reconnut Toutankhamon, intrigué par ses traits singuliers.

– Elle est à toi, répondit Hékanéfer Elle a été choisie parmi de nombreuses femmes...

– Qui l'a sélectionnée ? demanda Toutankhamon très intéressé.

– Tanoujy, qui dirige le harem. Ce serait une perle parmi les autres femmes.

La princesse était suivie de ses esclaves et de mères accompagnées de leurs enfants. La poitrine découverte, le corps presque nu, elles semblaient malheureuses. Les pieds parfois liés, elles montraient leurs fils et leurs bébés qu'elles portaient dans des sacs en bandoulière contre leur ventre ou sur leur dos.

Toutankhamon se montra clément envers ces familles apeurées. Mais il n'avait d'yeux que pour la princesse qui avait un port altier et beaucoup de grâce. Oubliant presque la présence de la reine, il regarda les cadeaux des princes de Koush, les paniers remplis d'or et de jaspe.

Les assistants s'avancèrent à leur tour sur plusieurs rangs. Ils montrèrent au roi de larges anneaux en or, des peaux et des queues de fauve.

– Les anneaux m'iraient assez bien ! plaisanta Toutankhamon.

Horemheb, qui manquait d'humour, n'appréciait guère ce genre de réflexions. « Toutankhamon perdra toute influence et toute autorité s'il oublie trop souvent qu'il règne. »

Ankhesenamon retrouva son sourire en voyant défiler des girafes et des bœufs de Koush.

– Ils baissent la tête pour te saluer, murmura la reine à son époux.

Celui-ci retint un éclat de rire.

– Horemheb n'a pas l'air d'apprécier l'atmosphère détendue de cette réunion, confia-t-il discrètement à son épouse.

Ankhesenamon regarda le général qui se tenait debout, le visage figé.

– Continue ainsi. Mon grand-père a l'air d'approuver. Pourquoi ne pas recevoir le vice-roi de Koush dans la joie ?

– D'autant que je suis heureux de le revoir.

Le défilé se poursuivait. Seule la princesse restait au milieu de la pièce. Elle souriait et regardait le roi avec admiration.

– Que va devenir cette Nubienne ? demanda la reine.

– Elle a été choisie. Elle fera partie de mon harem thébain. Celui-ci a bien besoin d'être renouvelé. Semenkharê ne s'en était pas occupé.

– Il n'avait pas eu le temps de trier les femmes de son harem d'Akhetaton ! Tu auras, toi aussi, bien d'autres priorités !

Comme si elle comprenait qu'on parlait d'elle, la princesse jeta encore un regard enflammé vers le pharaon. Elle paraissait irréelle. Très maquillée, le visage tendu comme couvert de cire, la perruque impeccable courte et ondulée, la bouche pourpre, les yeux cernés de khôl et les paupières bleuies, elle semblait sortir d'une exposition de poupées.

Le côté mystérieux des étrangères, ménagé avec soin,

avait toujours plu aux pharaons de la dynastie. Qu'elles fussent asiatiques ou nubiennes, nombreuses étaient celles qui avaient troublé l'entente des couples royaux.

Ankhesenamon se souvenait des querelles de sa mère et de son père à cause de Kiya. Elle en avait tiré de nombreuses leçons. En voyant les traits éblouis de Toutankhamon, il lui sembla discerner ceux de son père Akhenaton lorsqu'il était en présence de Kiya. « Je ne serai jamais traitée comme le fut Néfertiti », se dit-elle. Mais elle ne savait comment interrompre la cérémonie et renvoyer la princesse sans provoquer un incident diplomatique. Chaque échange de regard entre le roi et la Nubienne était pour elle un supplice.

– Contemple cet or et ces animaux, dit-elle plusieurs fois au roi.

Mais Toutankhamon revenait constamment à la princesse à qui il voulut parler. Houy lui demanda d'approcher. Il servit lui-même de traducteur.

– Tu vas faire partie du harem royal, lui dit Toutankhamon. Es-tu heureuse ?

– Ce choix me comble. J'espère que Sa Majesté ne le regrettera pas.

– Il est temps d'achever ce défilé, dit la reine à Houy. Présente au roi les signes de ta charge et retire-toi.

Houy comprit qu'il devait flatter et rassurer la reine.

– Belle entre les belles, prends plaisir à regarder ces richesses. Je vais faire sortir les domestiques et les Nubiennes.

– Puisses-tu les ramener à Koush !

– Ce sera plus difficile, reine. Toutankhamon décidera.

Devinant les propos de la reine, Toutankhamon la prit à part.

– Ankhesenamon, depuis le règne d'Aménophis III,

l'épouse du roi assiste parfois aux défilés. J'ai accepté que tu soies présente. Mais je sens qu'il va me falloir revenir aux anciennes lois. Ce lieu n'est pas celui d'une Grande Épouse.

La reine se redressa.

– Toutankhamon, comment oses-tu me parler ainsi ? Nous avons toujours été complices.

– Je le reconnais mais tu perturbes ces réjouissances.

Profondément blessée, Ankhesenamon résista difficilement à l'envie de se lever. Toutankhamon lui saisit le bras.

– Reste et ne fais pas de scandale.

Ankhesenamon ne répondit pas. Elle était au bord des larmes. « Tout cela à cause de cette Nubienne dépourvue de charme ! »

– Houy, j'apprécie ton travail, dit Toutankhamon en se levant pour admirer les objets nubiens. Le trésor de l'État est ainsi plus fourni. Nous pouvons faire sculpter des statues d'Amon et de Ptah dans les plus beaux matériaux.

L'assistance se réjouit. Toutankhamon leur donna rendez-vous dans une autre cour pour la distribution des récompenses, de larges colliers enviés par tous. D'autres fonctionnaires rejoignirent les fidèles du roi en agitant des branches et des crotales.

La remise des récompenses se fit dans la joie. Pour tous les rites, Toutankhamon devenait grand pontife et il était conscient de l'importance de sa tâche. Il portait le flabellum et les plumes d'autruche. Avec son sceptre, il était capable de transformer des objets terrestres en objets éternels.

On lui remit sa longue canne au bout recourbé dont l'extrémité représentait la tête d'un Asiatique. Il la retourna et la traîna dans la poussière.

– Que l'Égypte domine l'Asie comme la Nubie !

Aÿ s'avança à son tour.

– Reçois cette bague, roi.

Toutankhamon la regarda. Le chaton était cerclé des images d'Horus étendant ses ailes et du vautour. Le pharaon était agenouillé devant le dieu Horus.

Partout, la marque du disque d'Aton était rappelée. Des plumes de la déesse Maât accompagnaient le soleil et les cartouches d'Aton. À la place d'Aton était parfois mentionné le nom du roi.

– Offre ton nom en offrande au dieu, ajouta Aÿ.

– Toi qui me remplaces dans certaines fonctions, Père divin, dis-moi comment faire. Dois-je honorer Aton ?

– Oui.

– Les objets qui me sont offerts doivent-ils porter le nom d'Aton ?

– Oui.

– Comment concilier les rites d'Akhenaton et ceux de l'ancienne religion ?

– Laisse-toi guider.

– Que ta main me saisisse et me montre la voie.

Le visage triste d'Ankhesenamon n'échappa pas au Père divin.

– Ne néglige pas la reine. Ne commets pas cette erreur sinon je ne serai plus à tes côtés.

Cette remarque mit Toutankhamon mal à l'aise.

– Une reine a-t-elle sa place dans ce genre de cérémonie ?

– Ankhesenamon, oui.

Ces paroles avaient été susurrées entre les deux hommes.

– Que Toutankhamon accomplisse les rites ! dit Aÿ bien fort. Frappez dans vos tambourins ! Agitez les sistres ! Chantez !

Aÿ lança un regard réconfortant à sa petite-fille. Il semblait lui murmurer avec ses grands yeux expressifs :

– Ne crains rien. Je suis là pour te protéger.

Mais que pouvait, même un Père divin, contre les sentiments ?

II

Toutankhamon retrouva avec joie son ami dans l'intimité. Ils se congratulèrent. Le roi demanda aussitôt du vin et des dattes.

– J'ai déjà beaucoup bu mais te retrouver, ainsi qu'Hékanéfer, est pour moi un tel plaisir ! Où as-tu trouvé une merveille pareille ?

– De quoi parles-tu ?

– De cette princesse nubienne.

– Tu as les yeux qui pétillent !

– Tous les Égyptiens étaient pétrifiés par sa beauté !

Houy éclata de rire.

– J'ai un secret.

– Cette princesse a-t-elle des sœurs ?

– Je me les réserve ! Une seule de ces dames ne te suffit pas ?

– Je les prends toutes si tu me les offres.

– Te voilà devenu gourmand. Je te croyais comblé.

– La reine est en tout point respectable et magnifique.

– Mais tu as besoin de plusieurs femmes...

– Peut-être...

Comme le roi tenait à en savoir plus, le vice-roi de

Koush lui révéla que la Nubienne était la fille d'un roitelet qui lui avait fourni beaucoup d'hommes.

– Ils travaillent maintenant dans les mines d'or.

– Maintenant ?

– Oui. Ils étaient, auparavant, au service de ce petit roi belliqueux que j'ai battu sans peine. J'ai fait de nombreux prisonniers qui sont très efficaces dans les mines. Mais que vas-tu faire de cette princesse ?

– Pour l'instant, elle va m'accompagner dans mes déplacements. Si je reste à Thèbes, elle vivra à Thèbes. Sinon, elle me suivra à Akhetaton.

– Comment la reine réagira-t-elle ?

– Tu l'as constaté : elle est jalouse comme toutes les femmes. Mais elle sait que je ressens pour elle des sentiments exceptionnels. Aucune femme ne la remplacera dans mon cœur.

– Les hommes parlent toujours ainsi...

– Je ne mens jamais.

Houy sourit face à tant de naïveté. Toutankhamon avait le visage si fin qu'on aurait dit une fille. Sa beauté plaisait aux Égyptiennes. Sa peau était lisse et encore laiteuse. Il avait un profil parfait, un nez de grandeur moyenne, bien dessiné, une bouche aux lèvres charnues, des yeux légèrement en amande.

Il portait la coiffe blanche ornée du cobra. Un ruban s'en échappait et flottait dans son dos. Son buste nu, imberbe, à peine musclé, était doux et doré. Son torse en forme de trapèze et ses belles proportions, sa taille ni trop grande ni petite lui donnaient belle allure.

– Ankhesenamon est très attrayante, dit Houy en osant parler de la reine comme d'une simple mortelle.

– Elle a un visage agréable. Elle ressemble tant à ses sœurs ! J'aime ses joues bien rondes, ses grands yeux expressifs dans lesquels on lit mille sentiments. La rondeur de ses joues me rappelle notre plus tendre enfance.

– Son corps est bien équilibré. Sa poitrine haute et imposante rend sa taille plus fine.

– La reine est un exemple pour tous. Aucun homme n'a le droit de la juger.

Houy s'inclina.

– Majesté, j'ai oublié que je parlais au roi. Me pardonneras-tu mes écarts de langage ?

Toutankhamon éclata de rire.

– Bois ! Mange, mon ami. Rares sont ceux qui me parlent avec franchise. J'ai besoin de connaître l'avis de mes proches.

– Je suis flatté, répondit Houy en se jetant aux pieds de Toutankhamon.

– Relève-toi. Il n'y a aucun témoin. Allons ! Dis-moi ce que tu penses de la reine...

– J'aime beaucoup Ankhesenamon, avoua Houy. Il est vrai qu'elle a encore les traits de l'enfance et qu'elle est bien en chair. Elle est petite...

– Ta princesse est plus fine, plus élancée...

– Elle est Nubienne. Toutankhamon, raconte-moi ton voyage d'Akhetaton à Thèbes.

– Il a été mémorable.

– Nous avons reçu des messages nous informant de ce départ. J'avoue qu'il n'a étonné personne.

– Il était programmé depuis des années par Aÿ et Horemheb.

– Qui est resté à Akhetaton ?

– Peu de monde. Le peuple nous a accompagnés. Le bateau royal qui avait transporté la cour d'Akhenaton il y a une quinzaine d'années a refait le parcours en sens inverse. Il a seulement fallu plus de temps parce que nous naviguions contre le vent. Mais la courbache n'a guère servi. Les rameurs étaient courageux. Le spectacle était magnifique sur le fleuve. Notre nef colorée, le long défilé de bateaux, les voiles déployées étaient salués par les artisans qui travaillaient sur les bords du Nil et par le peuple vivant dans les villages entre Thèbes et Akhetaton.

– Combien de jours avez-vous mis pour accéder à Thèbes ?

– Six jours. J'avoue que je n'ai pas vu disparaître les palais et les jardins sans nostalgie. Akhetaton a tout de même été le berceau de notre enfance. Mais j'étais heureux d'aller vivre à Malqatta.

– Il ne reste donc personne à Akhetaton ?

– Le Grand prêtre Pashoush, le messager Dudou et le sculpteur Thoutmès sont encore là-bas.

– Ne me dis pas que Dudou n'a pas suivi la cour !

– Dudou a été précieux. Il est aujourd'hui âgé. Aÿ veut absolument qu'il vienne à Thèbes et qu'il me serve de professeur.

– C'est une bonne idée. Il connaît de nombreux pays.

– Je l'ai nommé conseiller du roi. Mais je doute qu'il rejoigne la cour. Il possède une maison magnifique à Akhetaton.

– Aussi belle que celle du Grand prêtre... Et Thoutmès ?

– Je l'ai convaincu de nous suivre et de devenir le sculpteur officiel d'Ankhesenamon. Cette idée lui a redonné courage. Il a de nouveau ouvert son atelier. Il s'est remis à travailler. Il nous rejoindra ici.

– Que va devenir la ville ?

– Elle est gardée par le chef de la police. Pour plaire à Aÿ, j'ai commencé à apprendre les textes des pyramides par cœur. Je crois mieux comprendre les rites d'Amon. Je sais maintenant qu'Atoun, dieu d'Héliopolis, a engendré Shou, l'air, et le vide, Tefnet, qui ont créé eux-mêmes Geb, la terre, et Nout, le ciel. Après, sont nés Osiris, Isis, Seth, Nephtys, le fleuve, la terre, le désert, la mort.

– Tu as découvert « l'autre Soleil ».

– Atoun est différent d'Aton. Il est né dans un lotus. C'est un dieu comme un autre à l'image de l'homme, enfant, adolescent, vieillard. Atoun a dû lutter contre ses propres descendants. Puis Shou, Seth, Osiris, Horus lui ont succédé.

– Jusqu'à tes ancêtres, les premiers pharaons qui se trouvent dans le pays des Bienheureux.

– J'ai pris plaisir à redécouvrir, pendant ce voyage, les paysages égyptiens, les monts pelés et sauvages, les collines plus accueillantes, les plaines riches en maïs, en avoine, en blé et en seigle. Nous avons croisé de nombreux bateaux, des petites barques de pêcheurs qui étaient occupés à tirer leurs filets, des visiteurs, des étrangers, des chalands. Nous évitions leurs rames longues. J'ai ainsi pu constater le travail effectué par Pharaon : les soldats envoyés en Asie, le transport des vivres, des blocs de calcaire, du bois, des armes. J'ai observé avec plus d'attention les transferts d'un port à un autre. Nous étions nous-mêmes suivis de nombreux chalands chargés de chevaux, de chars, de troncs d'arbres, de jarres de vin et de bière.

– Tu auras besoin de beaucoup de bois pour les meubles, les cercueils, les sarcophages. Tout était stocké à Akhetaton...

– Ce sera un immense travail de tout transporter. Les lingots d'or, de bronze et de plomb vont être acheminés jusqu'ici dès demain ainsi que les animaux – oiseaux, œufs, girafes, singes, taureaux, éléphants. Nous étions satisfaits de constater combien notre peuple était obéissant. Il s'agenouillait au bord du Nil et étendait ses mains devant lui.

– As-tu fait escale à Abydos ?

– Oui. J'aimais dormir le jour sous le dais mais je préférais faire escale dans nos palais pour les découvrir. Ils ont besoin d'être restaurés. Akhenaton n'en avait pas besoin puisqu'il ne voyageait pas.

– Et toi, qu'as-tu l'intention de faire ?

– De tout voir, de tout connaître, de t'accompagner en Nubie !

Houy se réjouit.

– Veux-tu repartir avec moi ?

– Pour l'instant, je dois rester à Thèbes. Mais j'ai prévu de visiter Ouaouat et Koush dès que possible. Aÿ m'a préparé un programme chargé.

– Es-tu entré dans le sanctuaire d'Osiris ?

Le roi s'étonna que son ami revînt sur son étape à Abydos.

– Oui, Houy, et j'ai été très impressionné même s'il a besoin d'être restauré. Ce temple, entouré de collines désertiques et de palmiers, dégage une atmosphère sereine. Je m'y suis recueilli. J'ai essayé de comprendre pourquoi on vénérait Osiris. Je connais la légende liée à Osiris et à Isis. Pendant longtemps, je me suis demandé si Akhenaton avait raison. Quand je suis arrivé à Thèbes, j'ai compris que mes ancêtres n'avaient pu tous se tromper. Toutes ces divinités ont bel et bien existé. Elles ont eu une importance considérable.

– Ton voyage a donc été bénéfique.

– À tous points de vue. J'ai compris la grandeur de l'Égypte et de sa religion. Je ne cesse d'admirer ses paysages même si mon parcours fut quelque peu monotone. La reine, elle aussi, est conquise. J'ai vu avec stupeur et joie des adeptes d'Hathor fêter la déesse de l'amour et de la fécondité à Denderah, notre prochaine étape.

Houy était médusé par les récits colorés et instructifs du roi. Il aimait surtout partager son enthousiasme et ses passions.

– Nous étions en train de naviguer tranquillement, narrait Toutankhamon, quand des barques décorées aux voiles rouges, jaunes ou blanches s'avancèrent vers nous. À bord, des hommes et des femmes chantaient ou jouaient des castagnettes et de la flûte. Tous accompagnaient leur chant et leur musique avec des battements de pieds ou de mains. Ils allaient à Denderah. On raconte que le temple est interdit aux hommes. Aussi ceux-ci restent-ils sur le terre-plein alors que les prêtresses et les fidèles pénètrent dans le sanctuaire.

– Ces femmes ont dû te saluer et s'étonner de ton passage.

– En réalité, elles étaient comme possédées ou ivres ! Des couronnes de fleurs autour du cou, dans les cheveux ou autour des bras, elles criaient si fort que leur voix couvrait le bruit des cymbales et des tambourins ! Sur des bateaux, aux ponts recouverts de pétales de fleurs, les prêtresses dansaient devant les statues d'Hathor. Derrière et devant elles, des acrobates gesticulaient. Quelle sensualité ! Quelles invitations au plaisir ! Je n'avais jamais vu cela ! Les prêtres n'étaient pas choqués. Ils avançaient en tête en regardant les femmes relever leur tunique.

– Quel spectacle ! Je regrette d'avoir été absent...

– Tu auras l'occasion de voir toutes les fêtes religieuses qu'Horemheb veut organiser. Les orgies vont se multiplier. Elles attireront des milliers de fidèles qui boiront, chanteront et prendront du plaisir pendant plusieurs jours. Finies les journées tristes passées à encenser Aton. De ces temples se dégageaient de fortes odeurs d'encens, de cannelle, de rose et de myrrhe. Je n'avais pas plus tôt quitté ces villes chargées d'amour et de plaisirs que nous arrivions à Coptos, merveille des merveilles ! On y voit tous les produits venant d'Arabie, de Koush. Les hommes se préparent, là, à gagner les ports de la mer Rouge. Coptos est tellement vivante. Des bateaux arrivent de tous les pays. D'autres partent avec des produits égyptiens. J'ai fait acheter des bijoux, de la cannelle, de l'ivoire, des senets en ébène et des perles pour agrémenter notre palais thébain.

– Je connais bien Coptos, précisa Houy. J'ai entendu des marins se plaindre d'un ralentissement de leurs activités. Ils prétendent que depuis les réformes d'Akhenaton, Vie, Santé, Force, ils gagnent moins. Leur niveau de vie a changé. Les caravaniers ont peur. Avant, ils se sentaient protégés par la police. Maintenant, ils attendent de l'aide en vain. Leurs caravanes sont attaquées. Ils doivent abandonner tout leur chargement aux pillards.

– Nous y remédierons ! affirma Toutankhamon. Je croyais qu'ils étaient satisfaits de leur trafic.

– Il faudrait placer des policiers sur les pistes des caravanes et surveiller les côtes.

– Voilà une excellente idée. Malheureusement, nous manquons de policiers. J'ai, pourtant, envie d'aider le gouverneur Rotpiu qui vénère le dieu Min et qui s'est jeté à mes pieds. Il m'a fait visiter ses ateliers dans lesquels ont été sculptées des statues d'Aménophis III qui seront placées à Karnak. Il m'a promis de faire ensuite une statue de moi-même.

– Des ateliers de Coptos sortent de nombreux bas-reliefs remarquables.

– Nous allons favoriser Coptos, Houy.

– Cela me plaît car plusieurs caravanes partent de Nubie pour cette ville active avant de gagner Memphis ou la mer Rouge. Je n'aime guère que l'or tombe aux mains des voleurs. Maou pourrait peut-être nous fournir quelques policiers...

– Pour l'instant, il en a besoin. Tous sont en poste à Akhetaton. Il doit surveiller la ville, les maisons, les édifices publics, les temples, les nécropoles. L'espace est immense et nécessite une bonne soixantaine d'hommes. Rotpiu mérite, pourtant, qu'on s'occupe de sa ville.

– Il faut sutout protéger les échanges commerciaux.

– J'en ai conscience. Mon cher Houy, tu sais tout. Me voilà à Thèbes et j'en suis heureux. Jamais je n'aurais cru cela possible !

Les deux hommes passèrent à des sujets plus futiles. Ils promirent de se voir plus souvent. Houy demanda au roi si sa sœur pouvait retourner avec lui en Nubie.

– Je préfère la garder auprès de moi. Elle fait une excellente responsable du harem. Elle sait se montrer autoritaire quand il le faut.

– Toutankhamon, si ma sœur revenait en Nubie, je serais très heureux. Ne pourrais-tu me faire ce plaisir au nom de notre amitié ?

Le roi n'imaginait pas que le vice-roi de Koush ressentait pour sa sœur plus que de la tendresse. Il plaisanta et lui promit de renvoyer celle qui avait pris la tête du harem thébain lorsqu'elle serait trop âgée pour travailler.

– Je ne te demande rien d'autre, insista Houy. Je suis prêt à te servir et à ne jamais ménager ma peine. Je t'aime comme un frère et je serai à tes ordres comme un esclave. Je ne veux, en échange, aucune récompense. Je souhaite seulement que ma sœur rejoigne sa famille en Nubie.

Toutankhamon éclata de rire. Il se moqua maladroitement de Houy à qui il servit une nouvelle coupe de vin. Celui-ci refusa.

– J'ai trop bu. Je vais me retirer. J'ai été content de parler avec toi comme autrefois. Quand tu auras retrouvé tous tes esprits, étudie ma requête. Ma sœur me manque beaucoup. Elle veut quitter Thèbes mais elle n'osera jamais te le dire. Si tu nous aimes, accorde-nous cette faveur.

– Puisque tu insistes, j'y réfléchirai.

III

Ce soir-là, Ankhesenamon ne retrouva pas son époux avec plaisir. Elle attendit que celui-ci la convoquât. En arrivant dans sa chambre, elle lui montra à tort son mécontentement.

– Reine, tu parles à ton maître, le souverain de l'Égypte ! rappela le jeune roi.

Ankhesenamon se jeta à ses pieds pour implorer son pardon.

– Jamais tu ne m'as parlé ainsi, Horus d'or, lui dit-elle.

– Oublie mes paroles et viens près de moi.

– J'ai attendu toute la soirée ta visite.

– J'étais avec mon cher Houy. J'ai également été heureux de retrouver Hékanéfer.

– Je croyais que Sa Majesté...

La reine s'excusa une nouvelle fois car elle outrepassait ses droits.

– Je n'étais pas au harem. Tu sais que je n'y vais guère. Je ne connais même pas les femmes du harem thébain.

– Que va devenir la princesse nubienne ?

– Voilà donc ce qui te préoccupe vraiment : la princesse que Houy m'a offerte !

– Je l'avoue, répondit la reine en baissant les yeux.

Elle serra de toutes ses forces les maigres chevilles de son époux en les entourant amoureusement de ses bras minces, un peu chétifs, aussi noirs que le bois du fauteuil royal.

– N'aie crainte, Ankhesenamon, tu es ma reine.

– Mais cette princesse te plaît. J'ai vu de tels éclairs dans tes yeux lorsque tu la regardais !

– C'est vrai, répondit Toutankhamon, un peu honteux. Cependant, aucune femme ne t'égale.

– Certaines Nubiennes sont très belles !

– C'est le cas de la princesse. Houy ne s'est pas moqué de moi. Elle rejoindra les autres femmes du harem.

– Tu vas donc leur rendre visite plus souvent...

– Nous verrons. Je reconnais que je n'ai guère été attiré par toutes ces femmes jusque-là. Je suis très jeune et j'ai d'autres soucis en tête. Cependant, étant pharaon, je me rendrai régulièrement dans mes harems.

– J'espère seulement qu'aucune de ces femmes ne te fera oublier la reine.

– Prie Amon pour que le roi t'apprécie pendant toute ta vie. Le plaisir n'a rien à voir avec la complicité d'un couple. Tu es fille de Pharaon et de Grande Épouse royale. Que demander de plus ? Tu me donneras des héritiers qui deviendront pharaons.

– Qu'Aton t'entende !

– Le dieu Soleil t'a déjà donné une fille qu'il a guérie. Nous habitons dans un palais de rêve et dans une ville que nous découvrons. Nous avons ouvert les yeux sur la religion égyptienne. Nous sommes guidés et aidés par les dieux et les prêtres. Mon principal conseiller est ton grand-père. Tu es pour moi plus chère qu'une épouse ou une reine. Je suis sur le trône avec toi. Nous gouvernons ensemble. J'écoute tes conseils.

Ankhesenamon le remercia d'un regard. Elle connaissait son pouvoir. Mais elle souhaitait avant tout l'amour de Toutankhamon. Pour la rassurer, il lui rappela leur arrivée triomphale à Thèbes devant plus de cinquante mille habitants. Les soldats et les prêtres étaient venus les accueillir. Un long défilé de chars pleins de militaires armés de lances et de javelots tirés par de magnifiques chevaux asiatiques, des cavaliers au torse nu, le couteau au côté, avançaient devant une longue file d'Égyptiens coiffés de perruques ornées de plumes qui étaient entourés de chasse-mouches.

– N'oublie pas, Ankhesenamon, que notre infanterie est en grande partie formée de soldats de Koush.

– Je les ai vus avec nos archers. Ils sont robustes et utiles.

– Je n'ai donc aucune raison de contrarier Houy.

– Je te reverrai toute ma vie sur ce trône en or porté par des officiers et des fantassins. Tu semblais jaillir de l'armée. Je me souviendrai aussi des joueurs de trompettes, de tambourins et de crécelles qui ouvraient le cortège.

– Veux-tu que je leur demande de rester à Thèbes ?

– Oui. Engage-les à la cour. Ma fille secouait les sistres en suivant leur rythme endiablé. Elle entendra de nouveau leurs chants avec plaisir.

Toutankhamon ferma les yeux. Il revoyait les prêtres lever l'encensoir devant son visage. Quel moment important pour lui ! Il pouvait pénétrer dans le temple de Karnak, se présenter devant les prêtres qui souriaient de leurs succès et se laisser asperger d'eau lustrale pour être purifié et obtenir Vie, Santé, Force.

– À quoi penses-tu ? lui demanda Ankhesenamon de nouveau inquiète.

– Je n'imagine pas les formes de la princesse sous sa

tunique légère. Je me revois en train de vêtir le vêtement transparent des prêtres et de m'emparer du croc, du sceptre et du fouet.

– Tu portes désormais la barbe postiche. Ta couronne est le symbole de ton pouvoir sur la Haute et la Basse Égypte. À toi le lotus et le papyrus.

– Cette nouvelle visite à Amon m'a rappelé le jour de mon couronnement.

– Les prêtres étaient vraiment heureux.

– Quelle victoire pour eux de me voir revenir ici définitivement ! La statue d'Amon que j'ai moi-même lavée sera recouverte de bijoux.

– Que vas-tu faire des prêtres d'Aton ? Ils sont restés à regret à Akhetaton. Seuls, délaissés, sans travail, ils attendent un geste de toi.

Toutankhamon soupira. Il le savait mais n'avait reçu aucune instruction de Aÿ.

– Mon grand-père a toujours pris le parti des prêtres d'Amon. Il se désintéresse du clergé d'Aton. Pourquoi ne les oublies-tu pas ?

– Panéhésy m'a parlé d'eux. Il voulait savoir quelle fonction j'allais lui donner. Il est très proche des Grands prêtres d'Aton.

Ankhesenamon ne répondit pas car elle s'était rendu compte que Aÿ devenait peu loquace lorsqu'il évoquait l'entourage de Panéhésy.

– Je préfère que tu parles de tout cela au divin Père.

Elle se rapprocha de lui.

– Nous devons ouvrir les coffres qui sont arrivés ce matin et trier les objets récemment débarqués.

– Aÿ prétend que nous avons oublié d'importantes archives...

– Faisons la liste de ce qui nous manque et renvoyons des bateaux à Akhetaton.

Ankhesenamon était si douce et si attentive que Toutankhamon oublia la princesse nubienne pour la soirée.

*
**

Panéhésy ne relâchait pas son attention. Il ne cessait d'observer l'activité des hauts fonctionnaires. Il savait tout ce que faisait Aÿ, qui contrôlait le Trésor, les impôts, les tributs, les sorties et les rentrées de victuailles, les ateliers et les magasins aux activités extrêmement variées. Les marchands avaient rejoint en hâte les quartiers proches du domaine de Malqatta et des temples d'Amon en sachant que les étrangers ne descendraient plus à Akhetaton. Mais il leur fallait s'installer, transporter leurs produits et reconquérir des clients. Certains changeaient de métier. S'ils vendaient des sandales à Akhetaton, ils trouvaient plus intéressant de fabriquer des statues du dieu Nil ou d'Amon. Le pharaon avait, en effet, promis de multiplier les fêtes, autant d'occasions de vendre.

Panéhésy avait réussi à conquérir Ankhesenamon malgré la surveillance perpétuelle de Moïse. Ce dernier se méfiait du fonctionnaire qui convoitait officiellement le poste de grand vizir mais qui souhaitait, en fait, la place de Toutankhamon. Le grand vizir avait, pourtant, sous Toutankhamon, un pouvoir immense. Supervisant tout acte administratif, apposant son sceau sur chaque message important, surveillant la répartition des lots de terre et les promotions, choisissant lui-même les fonctionnaires à féliciter, donnant son avis sur la performance de l'armée égyptienne et sur les rites religieux, il n'avait pas son égal.

Moïse s'étonnait du manque d'enthousiasme de Panéhésy à accepter les postes les plus gratifiants. Il le savait très ambitieux. Jamais Panéhésy n'avait refusé des biens ou des honneurs. Il l'imaginait derrière un bureau en train de lire les rapports de nombreux hauts fonctionnaires venant de toutes les régions de l'Égypte.

– Allons, lui expliqua, un jour, un ami proche de Panéhésy, crois-tu, Moïse, que cet homme ambitieux et superbe accepterait de surveiller les jardiniers du palais ou les jarres de provisions si le roi le lui demandait ?

– C'est notre maître à tous ! avait répliqué Moïse.

– Jamais plus Panéhésy ne se pliera aux volontés d'un prince.

– Mais il sert la reine !

– La reine mais pas le roi...

– Comment peut-on refuser de succéder au grand Rekhmirê qui a si bien servi les pharaons ? Quel pouvoir immense avait cet homme bon qui écoutait toutes les doléances et qui ne faisait aucune distinction entre les riches et les pauvres !

– Panéhésy laissera volontiers sa place à Amenthès, fils de Hapi. Je sais qu'il convoite le poste et qu'il envisage déjà d'avoir un temple qui rappellerait ses exploits.

– Voilà une réaction normale.

– Amenthès souhaite tout superviser : le Trésor, l'armée, la justice !

– Une attitude qui déplaira peut-être à Horemheb et à Aÿ.

– Amenthès a beaucoup de qualités. Il apprécie les artistes. Il a fait construire de nombreux temples. Il a même fait ajouter à l'entrée du temple d'Aménophis III qu'il espérait vivre cent dix ans et être après sa mort honoré par les Égyptiens comme un dieu.

– Amenthès a quatre-vingt-dix ans. Je ne doute pas de ses qualités. Il peut devenir naturellement grand vizir de Toutankhamon puisqu'il l'était sous Aménophis III.

Qu'il conserve sa fonction. Mais il est âgé. Toutankhamon aurait préféré un grand vizir plus jeune. Tout le monde est fier de servir le roi. Tous les fonctionnaires rêvent d'entrer au palais. Être grand vizir est si important, si honorifique ! Aucun homme n'est plus puissant qu'un pharaon juste de voix. Servir le roi, combattre pour lui, protéger sa vie plairaient à tous les Égyptiens. Au lieu de quoi, Panéhésy discute toutes les propositions qu'on lui fait.

– Je te le répète, Moïse, et je ne puis t'en dire davantage : Panéhésy ne baisera jamais les pieds de Toutankhamon !

– Que veux-tu dire ? Qu'il se rebelle contre le roi ?

L'Égyptien fit signe à Moïse que ses lèvres resteraient désormais closes.

– Tu ne peux cacher à Pharaon un complot quelconque.

– Qu'imagines-tu ?

– Rien. Je cherche, par Horus, des explications. Le roi est trop occupé pour contrôler ses proches collaborateurs. Je détesterais que le couple royal soit inquiété. L'Égypte va se redresser et redevenir puissante. Une tentative d'attentat ou une crise risqueraient de ruiner le pays. Je ne le tolérerai jamais et je m'y opposerai de toutes mes forces !

Moïse se tut, laissant place à un silence chargé d'inquiétude.

– Panéhésy n'a plus d'alliés à Thèbes, avança-t-il pour en savoir plus. Ses complices sont restés à Akhetaton.

Mais l'Égyptien se taisait toujours.

– Je suis sûr qu'il préparait une action avec les Grands prêtres d'Aton. Le roi a eu tort de les mettre à l'écart et de leur faire comprendre que leur rôle était définitivement fini.

– Si c'est le cas, le roi et la reine ne risquent plus rien. Panéhésy n'agira pas seul.

– Tous les traîtres retrouvent des alliés qui leur ressemblent. Un ennemi ne redevient jamais un ami véritable. S'il a voulu détruire le pharaon, Panéhésy recommencera. Voilà pourquoi tu dois parler. Tu dois m'aider à éviter le pire. Si j'avais raison et si le roi mourait de mort brutale, je t'en tiendrais pour responsable.

– Je ne suis pas le complice de Panéhésy.

– Tu le deviendrais !

Aucun argument n'ébranla l'Égyptien qui resta sur ses positions. Moïse était convaincu qu'il en savait plus qu'il ne le disait. Mais toutes ses stratégies étaient vaines.

– Je garderai un œil sur toi.

– Je ne ferai jamais rien qui nuise au roi, répondit calmement l'Égyptien. Surveille plutôt Panéhésy. J'aurais pu ne rien te dire. J'estime avoir été très coopératif. Je comprends tes doutes et tes suspicions. Si vous restez sur vos gardes, la vie du roi n'est pas en danger.

IV

Les ouvriers s'activaient toute la journée dans les palais de Malqatta utilisant tantôt les voies terrestres tantôt les petits canaux qui avaient été aménagés à l'intérieur même du domaine entouré de verdure. Les jardiniers abattaient quelques arbres ou grimpaient en haut des palmiers pour trancher les palmes jaunes ou sèches.

Les murs en briques recouvertes de boue, parfois peints, étaient frappés par les rayons de Rê. La plupart des fenêtres et des portes étaient égayées de bois précieux. Le domaine était entièrement entouré d'un mur crénelé gardé par une quinzaine de soldats. Comme ses prédécesseurs, Aménophis III n'avait jamais réclamé de granit, de grès, de porphyre ou d'albâtre pour ses demeures privées. Même le calcaire, pourtant abondant, était réservé aux dieux. Les rois se contentaient de matériaux plus ordinaires, éphémères comme leur vie terrestre et peu onéreux.

Ayant, tout d'abord, adopté le palais d'Aménophis III, Toutankhamon se demandait s'il n'allait pas faire construire un nouveau palais pour lui et Ankhesenamon.

– Je crains que l'esprit d'Aménophis III ne souffle

encore ici et ne m'influence. C'est à cet endroit que le roi a décidé de fuir Thèbes. Ne dit-on pas que les places des anciens rois disparaissent avec eux ?

Toutankhamon s'était confié à sa femme qui ne l'avait pas contredit.

Aucune cour n'était déserte. Par des couloirs étroits, les domestiques extrêmement nombreux accédaient à des pièces trop lumineuses parfois ornées de colonnes papyriformes en bois coloré. Les portes épaisses en bois, en or et en argent, décorées de bleu lapis-lazuli et de vert malachite s'ouvraient en grinçant. Lourdes, protégeant de la chaleur, elles n'étaient actionnées que par cinq ou six domestiques.

Cet ensemble aurait pu paraître austère sans les mosaïques colorées aux décors floraux et animaliers qui recouvraient le sol d'argile, sans les chambres petites mais attrayantes, sans les jardins agrémentés de fontaines, sans les peintures de lotus, de nénuphars ou d'oiseaux, sans les poutres d'acacia, les meubles riches et les salles de bains claires.

Toutankhamon avait donné des ordres pour que ses appartements communiquent facilement avec ceux de la reine et du harem. Depuis l'arrivée de la princesse nubienne, il souhaitait se rendre plus souvent auprès de ses autres épouses sans avoir de compte à rendre à Ankhesenamon.

À l'entrée de Malqatta, un garde abrité par un kiosque contrôlait toute la journée les allées et venues, l'arrivée de la nourriture et des jarres d'eau qu'il comptait. Il notait également le passage des tributaires et vérifiait l'enregistrement des redevances.

Les deux voies principales qui traversaient le domaine étaient très encombrées. Selon les blocs de maisons rattachées les unes au bureau des archives, les autres à celui des finances, du Trésor, de la justice ou de l'armée, des marchands déchargeaient des approvisionnements divers. Coffres de vêtements, tenues de travail, jarres de vins, morceaux de viandes, poissons séchés au soleil, pains et desserts, galettes étaient apportés dans chaque quartier en fonction des demandes et des besoins.

Un bloc entier de magasins était destiné au palais du roi.

Les va-et-vient entre les entrepôts, les magasins, les ateliers royaux et les bords du Nil étaient incessants. Là étaient stockés les pagnes, les tuniques, les étoffes, les bijoux et les châles. À un autre endroit, se trouvaient le bétail ou les fruits. Les silos étaient rassemblés à l'abri de l'humidité. Dans une pièce immense étaient regroupées les armes – flèches, arcs, boucliers, piques, javelots. Chaque semaine, Horemheb avait décidé de les répartir entre ses nouvelles recrues.

La gestion de ces magasins était confiée aux notables les plus riches car on estimait à juste titre qu'il s'agissait d'une importante responsabilité. Quiconque tentait de voler ou de frauder était immédiatement envoyé en prison ou condamné à mort. Toutankhamon lui-même avait donné des ordres stricts pour qu'aucun malfaiteur ne fût épargné. Aussi préférait-il employer de vieux serviteurs ou leurs fils, rodés à la tâche.

Toute la journée, les scribes ne cessaient d'écrire et de recouvrir des papyrus de hiéroglyphes si bien que Aÿ était obligé d'en commander en grande quantité.

Chaque matin, la toilette de Toutankhamon entraînait la mise en action de nombreux domestiques aux fonctions variées – perruquiers, manucures, pédicures, masseurs, coiffeurs, parfumeurs. Dès l'aube, une grande activité envahissait les appartements du roi. Outre les tailleurs qui prenaient les mensurations du roi et les responsables des ceintures qui veillaient sur son tour de hanche, le personnel chargé des bijoux royaux était impressionnant.

Ankhesenamon ne supportait pas les bijoux endommagés. Aussi fallait-il les nettoyer, les réparer, les transformer, les embellir selon sa volonté du moment. Tous les colliers, les bracelets, les boucles, les pendentifs, les gorgerins, les couronnes, les sceptres étaient astiqués, lustrés, nettoyés en permanence. Ces minutieux serviteurs étaient plus nombreux que les grains de sable du désert. Ils couraient sans cesse, se plaignaient, geignaient sans raison et gesticulaient toute la journée.

– Ces Égyptiens sont plus déconcentrés qu'un groupe de lièvres pris en chasse, disait Aÿ qui ne supportait plus l'éternelle indiscipline du personnel.

Si aucun serviteur n'osait, en effet, désobéir, la plupart croyaient agir au mieux en prenant des décisions personnelles et malvenues. Leur curiosité était inégalable si bien que chaque secret devait être soigneusement gardé.

Près des canaux du Nil, les femmes qui lavaient le linge chaque matin avant de l'étendre au soleil avaient à cœur de supprimer toute impureté.

Ankhesenamon était attentive à la propreté des palais, des vêtements et des draps. À ses yeux, cette pureté était proche de la purification religieuse.

Toutankhamon se désintéressait de la gestion de ces milliers d'hommes et de femmes qui travaillaient à son service d'autant que la reine et les centaines de femmes de son harem avaient le même nombre de serviteurs et que les cuisiniers et les assistants étaient tout aussi nombreux.

Après avoir longuement réfléchi, Moïse demanda audience à la reine.

– Je te vois, chaque jour, Moïse, lui dit-elle. Pourquoi tant de cérémonie ?

– Reine très aimée, je souhaite t'entretenir de Panéhésy.

– Il a toute ma confiance.

– Je sais qu'il te sert bien.

– En effet. Que voulais-tu me dire à son sujet ?

– Je souhaitais, en réalité, parler à Pharaon mais il est très occupé par cette installation incroyable à Thèbes. Il s'agit d'une véritable révolution. La ville grouille de nouveau. Les scribes ont fort à faire pour tout contrôler. Les paysans et les marchands étrangers envahissent les marchés. Les artisans ont repris la création de leurs objets et font du troc. On échange des sandales contre des oignons et des colliers contre du parfum. Une natte est évaluée à plus de vingt deben de cuivre, l'huile à dix deben et certains bijoux à cent deben.

– J'ai entendu dire que les bagarres étaient fréquentes sur la place des marchés !

– La police a du travail avec les barbiers, les pâtissiers, les cordonniers, les vendeurs d'huile.

Ankhesenamon aimait savoir son peuple actif et heureux. Ces rixes sans grande conséquence étaient signes de bonheur.

– Je préfère savoir nos Égyptiens en train de travailler. Ils ne se plaignent plus. Alors, que voulais-tu me dire au sujet de Panéhésy ?

– C'est très difficile, reine, car il faut me faire confiance.

– Je t'écoute.

– Panéhésy a un comportement suspect.

– Je n'en crois rien.

Moïse développa en vain ses arguments. La reine

s'estimait suffisamment proche de Panéhésy pour le surveiller et déceler toute étrangeté dans son caractère. Comprenant qu'il valait mieux changer de sujet, Moïse évoqua un problème grave.

– Sais-tu, reine, que les ouvriers se sont rassemblés pour m'adresser une plainte ? Ils prétendent qu'ils n'ont pas reçu leur salaire en sacs de vêtements, en huile et en blé.

– Disent-ils la vérité ?

– Hélas, oui !

– Et qu'en dit le roi ?

– Il n'est pas au courant.

– Les hommes doivent être payés. Fais-leur distribuer de l'huile, du poisson, des légumes. Ils doivent nourrir leur famille !

– C'est impossible, reine. Nous n'avons plus rien !

– Comment ? Houy vient d'apporter des richesses. Tous les Égyptiens sont au courant. Ils réclament le fruit de leur travail.

– Hélas, reine. Il faudrait que nos messagers reviennent au plus vite pour rapporter les tributs et les redevances. Nous n'avons plus d'armes. Nous devons en fabriquer et aller chercher du bois en Asie. Tant que nous n'aurons pas reçu tous ces tributs, nous ne pourrons satisfaire les demandes.

– La situation est intolérable. Nous risquons une révolte.

– Le roi n'en est pas conscient.

– Que dit le divin Aÿ ?

– Il a proposé de faire distribuer une soixantaine de sacs de blé...

– Ce n'est pas suffisant.

– Les ouvriers vont pouvoir manger des galettes mais pour le mois suivant nous n'avons pas de solution. Je te parle, reine, car le roi est jeune et sans expérience. Tu as partagé le pouvoir avec Akhenaton.

– Nous n'avons jamais eu une seule réclamation.

– Mais elles seraient arrivées sur le bureau du roi car il se désintéressait de ces problèmes.

– On raconte que chacun se sert largement en prenant sur son salaire une petite dîme supplémentaire. Tout cela est illégal. Or, le roi a toujours fermé les yeux sur ces méthodes illicites.

– Les scribes et les responsables des chantiers se servent. Cependant, le pauvre ouvrier n'a aucune possibilité de tricher, tu le sais bien. Il se révolte d'autant plus.

– Que va-t-il se passer ?

– Si la situation reste en l'état le mois prochain, les ouvriers déserteront les chantiers et refuseront de travailler. Ils viendront aux portes de Malqatta et tenteront de les forcer. Ils réclameront Pharaon. Ils pilleront, la nuit, les magasins et les entrepôts à l'insu des gardes.

– Il ne faut pas en arriver là !

– Prions pour que les tributs arrivent avant.

– Je me rends compte qu'il va être difficile de réparer les erreurs de mon père.

– Tant que nous n'aurons pas de redevances, ce sera impossible.

– Dis-moi, Moïse, l'Égypte est-elle en danger ? Notre pouvoir est-il menacé ?

– Oui.

– Tu es franc et discret.

– Je le dois à ma reine.

– L'Égypte doit retrouver sa puissance économique, militaire et religieuse. Tant que nous n'avons pas les moyens de remonter une véritable armée et que l'Égypte ne se sera pas imposée de nouveau face à tous ceux qui lui rient au nez en refusant de reconnaître sa supériorité, notre pays a toutes les chances de sombrer.

– Je commence à comprendre la réalité.

– Toutankhamon va mûrir et prendre de bonnes décisions. Je crains seulement qu'il ne soit trop tard.

– Aÿ se hâte. Il travaille nuit et jour.

– Mais il n'a pas le pouvoir de faire revenir les messagers plus vite ni de faire courir les chevaux plus rapidement.

– Tu ne m'annonces que de mauvaises nouvelles : un complot possible contre le roi, des infidélités de nos meilleurs fonctionnaires et la disparition de l'Égypte.

– Je serai toujours honnête avec ma reine comme je l'étais avec la divine Tiyi qui parcourt les étoiles. Je l'ai juré devant les dieux.

– Moïse, tes propos me glacent d'effroi mais je préfère le langage de la vérité. Je te supplie de t'entretenir avec le divin Père Aÿ.

– Il sait tout ce que je t'ai dit.

– Que les dieux nous aident, répondit Ankhesenamon en joignant ses mains. Qu'ils fassent revenir dès demain les premiers bateaux de ceux qui sont partis chercher notre dû.

Tous deux se mirent à prier ardemment devant le soleil couchant afin que Rê leur apportât, à l'aube, une bonne nouvelle.

– S'il n'était pas si tard, dit la reine lorsque Moïse l'eut laissée seule, j'aurais été au temple de Karnak.

Moïse l'avait tellement inquiétée qu'elle ne parvenait pas à rester assise.

– Je dois me calmer. Les dieux ne vont pas nous abandonner maintenant. Quand les messagers sont-ils partis ?

Elle refaisait maintes fois le calcul des jours dans sa tête.

– Je ne me souviens plus exactement... Et s'ils revenaient bredouilles ? Non... Jamais les Asiatiques n'oseraient nous faire cet affront.

Mais cette perspective l'empêcha de retrouver la sérénité. Elle se coucha sans faire sa toilette et renvoya ses domestiques. Elle ne réussit pas à s'endormir. Le moindre bruit la faisait sursauter comme si elle guettait dans la nuit le crissement des roues de chars des hérauts égyptiens. Elle s'assoupit à l'aube, anxieuse. Elle se sentait impuissante face au peuple et aux ouvriers dont les réclamations lui semblaient légitimes. Elle détestait savoir les Égyptiens malheureux.

V

Chaque matin, Toutankhamon se rendait au temple d'Amon. Il y était accueilli par deux prêtres. Il pouvait ainsi aller au sanctuaire du dieu. On lui ouvrait les portes du *naos* où était déposée la barque divine, à la proue et à la poupe ornées de béliers dorés, dont les têtes portaient le disque du Soleil, et de sphinx.

Cette barque avait encore besoin d'être restaurée mais le trésor de l'État ne permettait pas d'envisager les réparations. L'un des Grands prêtres soulevait un rideau qui dissimulait la statue du dieu en bois doré. Toutankhamon attendait que le Grand prêtre accomplît le rituel. Ce dernier brûlait de l'encens et tendait à Amon des rouleaux de papyrus.

– Que veux-tu savoir Pharaon ?

– Qu'Amon me dise si je dois conserver Panéhésy à mon service.

– Dans ma main gauche se trouve une réponse négative, dans ma main droite une réponse positive. Amon va choisir lui-même.

Le Grand prêtre s'adressa au dieu.

– On raconte, Seigneur, qu'il faut enquêter au sujet de Panéhésy. Qu'en penses-tu ?

Un autre prêtre entra avec une torche qui fit briller les yeux d'Amon.

– Son regard va fixer l'un ou l'autre des rouleaux, expliqua le prêtre. Tu auras ta réponse.

Mais celle-ci parut bien sibylline.

– Qu'en penses-tu, Grand prêtre ?

– Il faudra interroger le dieu.

– J'ai une seconde question aujourd'hui, Amon, souhaite-t-il que j'envoie une expédition au Pount ?

Le prêtre recommença le rituel.

– La réponse est oui.

– Un taureau sera sacrifié à Amon, promit Toutankhamon.

– Veux-tu toi-même l'attraper avec une corde ?

– Pourquoi pas ? Mais un autre jour car je dois rendre une sentence.

Toutankhamon alla, en effet, au tribunal où l'attendait le juge.

– Encore des tentatives de vols dans les tombes de Thèbes ?

– Oui, lui répondit le juge.

– Je veux une sanction exemplaire.

– Une femme demande réparation. Elle prétend qu'elle a été violée aux abords du village des ouvriers.

– C'est la troisième affaire de ce genre en un mois !

– Le village s'est tellement agrandi...

– Soit ! Je n'imagine guère un prêtre, un artiste, un marchand, un jardinier ou un tailleur de pierres accomplir de tels actes !

– Les maçons, les porteurs de cruches et les bûcherons sont de plus en plus nombreux. Les danseuses et les chanteuses hantent, la nuit, les abords du village. On raconte de drôles d'histoires.

– Que fait la police ?

– Elle interdit cet endroit aux femmes mariées dès que la nuit tombe. Elle fait des rondes près des tombeaux. Elle protège les épouses honnêtes.

– Dorénavant, le maire s'occupera de tous ces jugements. Mais je veux que les condamnations soient importantes : mort par pendaison, par le crocodile, castration en cas de viol.

– Maître, toutes les nuits, les gardiens, les scribes, les policiers, les maçons sont achetés par les pilleurs de tombe.

– Les complices seront également punis.

– Il est bon que Pharaon nous honore de sa visite ainsi que le Grand prêtre d'Amon.

– Tel est le cas aujourd'hui.

Toutankhamon s'assit dans un fauteuil doré et prononça une formule connue de tous.

– Je condamne les coupables. Qu'importe la défense de ces hommes. Je connais leurs actes. Je le dis bien fort devant vous, juges. Épargnez les innocents mais condamnez les coupables ! Je suis le roi de l'équité devant Amon, premier des dieux.

Toutankhamon écouta les sentences sans intervenir. Il approuva la prison, la bastonnade et la mutilation. Il proposa à un policier reconnu coupable de vol de se suicider. Puis il réclama ses gardes et prit congé des juges.

– Demain, tu poursuivras ces jugements sous le regard averti du maire qui recevra des ordres stricts. Je viendrai de temps à autre. Je ne veux en aucun cas que la vigilance se relâche. Suis-je clair ?

– Absolument, Horus d'or, répondit le juge principal en baisant les sandales du roi.

– Si tu n'obéis pas, tu seras également condamné. Le village de Vérité doit retrouver sa tranquillité. Est-ce si difficile d'en chasser les mécréants, les criminels et les prostituées ?

– Thèbes retrouvera l'ordre et la quiétude.

*
**

Pendant que Toutankhamon veillait sur les procès, Ankhesenamon avait convoqué le vice-roi de Koush. Elle le reçut en privé dans son bureau.

– Houy, le roi t'a donné une charge considérable ! Fils royal de Koush, tu es désormais celui qui vient immédiatement après le roi.

– J'en suis conscient, reine, dit Houy en mettant le nez contre le sol.

Ankhesenamon le trouva splendide. Elle lui demanda de se relever et plongea ses yeux dans les siens. Ceux-ci étaient d'un noir intense. Il portait un pagne plissé et un collier plat très proche du cou. Il était très différent de ses lieutenants à la perruque courte aux reflets bleutés, et des princes nubiens, aux coiffures colorées d'où partaient de longues plumes.

Houy avait un corps splendide que Toutankhamon n'avait pas et qu'il dissimulait sous de nombreux bracelets et colliers en or.

Le vice-roi remarqua sur la table un bibelot magnifique qu'il avait offert au couple royal. Quelques girafes en or et en ivoire levaient la tête vers des palmes à leur portée. Ankhesenamon suivit son regard. Pour la première fois, elle était troublée par la présence d'un homme autre que le roi.

– La reine a apprécié mes dons, osa Houy. J'en suis heureux.

– En effet. J'ai choisi pour ma chambre des gobelets et des assiettes en or, sans oublier Amon !

La pièce était pleine d'iris et de nénuphars. Toutankhamon en offrait chaque jour à son épouse.

La porte s'ouvrit et laissa place à un défilé de serviteurs. On déposa devant Houy des morceaux de choux crus, des pains à l'anis et au sésame, des hors-d'œuvre épicés et du vin.

– Tu t'es habillé à l'égyptienne, remarqua la reine. Il est rare que le roi de Koush se présente ainsi devant nous.

Ankhesenamon fit également venir des morceaux d'oie rôtie et de veau disposés dans des plats en or nappés de fleurs de lotus.

Houy réclama une cuillère. On lui en apporta deux en or et une en argent.

– Les princes de Koush ne savent pas se servir d'une cuillère ni d'une assiette, ironisa la reine.

– Tel n'est pas mon cas. Mon père et ma mère qui m'ont accompagné m'ont donné, avec mes professeurs, la meilleure des éducations.

– Celle que tu as partagée jadis avec le roi. Goûte ces viandes rôties ou saucées telles que les aime Toutankhamon.

Des musiciennes jouèrent de la flûte dans un coin de la pièce tandis que d'autres serviteurs apportaient des oignons et des cubes de melons frais.

– Tu me gâtes, reine, dit Houy en mangeant avec allégresse. Mais je doute que tu m'aies fait venir ici pour me nourrir.

– En effet, Houy. Je voulais mieux te connaître puisque tu es un ami intime de mon mari.

Des servantes apportèrent des harpes à l'image de

Toutankhamon et firent entrer de jeunes acrobates entièrement nues qui évoluèrent au milieu des bouffons. Le regard pétillant de Houy n'échappa pas à la reine.

– Tu aimes la compagnie des femmes, remarqua-t-elle.

– Aucune n'est plus belle que toi, ô Ankhesenamon.

– Tu juges pourtant utile d'en apporter à Pharaon.

Houy ne releva pas l'allusion à la princesse nubienne.

– N'est-ce pas la tradition ?

– Je te l'accorde.

Une servante déposa aux pieds de la reine qui trônait au milieu de la pièce un singe dont elle attacha le bout de la laisse au dossier. La reine le prit dans ses bras et le cajola comme un enfant.

– Il est dommage que tu ne vives pas ici, Houy, dit-elle. J'apprécierais tant ta compagnie ! Tu as raison. Je t'ai fait venir pour un motif grave. Les grèves continuent. Les ouvriers ont arrêté le travail. Quelle solution proposerais-tu ?

– Je ne suis pas sur mon territoire. Il ne m'incombe pas de prendre des mesures à la place du gouverneur.

– Je t'interroge seulement comme un ami ou un conseiller.

– Mais Toutankhamon sait ce qu'il doit faire...

– Laisse Toutankhamon. Il est aujourd'hui très occupé. Réponds-moi seulement.

– Je rassemblerai tout le blé disponible pour faire patienter les ouvriers.

– Aÿ l'a déjà fait.

– Dans ce cas, donne-leur quelques poussières d'or. Ils les échangeront contre de la nourriture sur les marchés.

– Es-tu fou ? De l'or nubien ?

– Oui. Je t'en ai apporté en grande quantité et je travaillerai très dur pour t'en rapporter le plus vite possible. Les messagers auront ainsi le temps de revenir avec les tributs dus au roi.

– Tu nous sauves, Houy. Comment te remercier ?

– Un sourire de la reine me suffira.

Ankhesenamon prit la main du vice-roi de Koush et le remercia chaleureusement. Mais elle sentit un étrange sentiment l'envahir à ce contact. Elle eut soudain l'impression d'avoir connu Houy depuis sa plus tendre enfance. Si elle le voyait avec les fils des roitelets étrangers, elle ne lui avait, pourtant, jamais parlé longuement.

– Je comprends que le roi t'apprécie, dit-elle.

– Viendras-tu visiter la Nubie ?

– Oui. J'accompagnerai mon époux.

– Quand penses-tu aller dans le pays de Koush ?

– Le plus rapidement possible. Je sais que j'y serai bien accueillie puisque tu t'y trouveras.

– Je serai toujours là quand mon roi et ma reine arriveront aux portes de Ouaouat.

– Quel dommage que tu ne puisses rester ici plus longtemps !

– Si j'étais sûr de mes hommes, je pourrais envoyer une escorte en Nubie. Elle rapporterait des sacs d'or. Mais je dois tout contrôler : les vols car ils sont nombreux ; les mineurs car ils se rebellent souvent ; la vélocité de mes hommes car il serait fâcheux qu'ils revinssent trop tard. Le temps presse...

– Je le sais. Je vais trouver des subterfuges pour faire patienter les ouvriers. Si je leur promets de l'or, je crois y parvenir sans peine. Mais tu devras agir vite.

– Voilà pourquoi je ne puis compter sur des soldats pour accomplir cette tâche essentielle. Il vaut mieux que le vice-roi soit présent.

– Je dois reconnaître que tu parles avec sagesse. Cependant...

– Je serais resté à Thèbes avec plaisir.

Ils se regardèrent sans oser poursuivre leurs confidences. Les premiers étonnés par une telle attirance, ils rougissaient, se montraient gênés, n'osaient se livrer.

– Promets-moi seulement de revenir avec les porteurs d'or, dit la reine.

– Je ne sais si le roi m'y autorisera. J'ai un programme très chargé... Je ne décide pas... Je ferai en sorte de venir plus souvent à Thèbes si la reine nous comble par ses visites en Nubie.

– Je jure devant les dieux que j'accomplirai ces voyages.

Ils se séparèrent à regret. Alors qu'elle voulait l'accabler pour ses cadeaux trop attractifs, la reine avait été séduite par Houy. Elle resta pensive et troublée jusqu'au retour de Toutankhamon.

En rentrant au palais, Toutankhamon se précipita pour voir Ankhesenamon qu'il n'avait pas embrassée de la matinée. Il s'installa dans la salle où son épouse avait reçu Houy. Sous le dais soutenu par des poteaux en bois peint orné d'une frise d'uraeus, le pharaon se mit à l'aise. Il se déchaussa et étendit ses jambes puis il ferma les paupières.

Ankhesenamon enduisit ses mains d'onguent qu'elle passa avec tendresse sur ses épaules, ses mollets et ses pieds mais elle songeait encore à Houy dont le parfum avait envahi la pièce.

– La journée a-t-elle été fructueuse ? demanda-t-elle finalement à Toutankhamon.

Le roi lui expliqua ce qu'il avait fait.

– J'avais hâte de te retrouver.

– Le roi n'a qu'à ordonner et j'exécuterai.

– Pour l'instant, je suis le plus heureux des hommes. Les Asiatiques barbus aux longs cheveux sont partis. Les Nubiens qui portent sur leur tête des plateaux chargés d'objets s'organisent pour rejoindre une région que j'ai cédée à Houy.

Les joues de la reine rosirent.

– Tu as très bien agi, dit-elle un peu vite.

Toutankhamon s'en étonna.

– Je croyais que tu n'appréciais guère ses présents.

– Il est brillant. Il est très séduisant...

Un domestique apporta à Toutankhamon une panthère encore jeune que Houy lui avait offerte.

– J'ai appris que le vice-roi de Koush était venu te rendre visite...

– Les nouvelles vont vite... remarqua Ankhesenamon en rougissant.

– Que voulait-il ?

– Il te cherchait, mentit la reine.

– Je vais donc le convoquer.

Comme Toutankhamon s'apprêtait à se lever, la reine poussa le bassin d'eau salée dans laquelle le roi trempait ses pieds et les essuya avec un linge propre. Ces gestes tendres surprenaient les domestiques chargés de la toilette du roi.

– Je dois te parler sans témoins, dit Ankhesenamon.

Toutankhamon fit signe aux portiers, aux gardes et aux serviteurs de se retirer.

– Qu'as-tu à m'apprendre ?

Ankhesenamon lui expliqua quels dangers menaçaient encore le pays.

– Je pensais les ouvriers calmés après la dernière distribution de blé. Nous avons été très généreux. Ils peuvent patienter...

– Houy a proposé de leur donner du vin, de l'huile et de l'ivoire pour les aider.

– Et pourquoi pas les vaches que nous allons sacrifier à Amon ?

– Le trésor que nous a donné Houy a été distribué aux prêtres, aux comptables, aux chefs des étables, des écuries et du parc. J'ai décidé de céder ma part pour apaiser le peuple.

Ankhesenamon espérait que Toutankhamon agirait comme elle.

– Il ne faut jamais céder facilement aux exigences du peuple. Il doit obéir et se plier à nos volontés. Je ne suis pas sûr que tu aies bien fait. Cette décision m'incombe.

– Houy me rapportera d'autres trésors.

Le roi demanda à Ankhesenamon de cesser ses massages. Il était manifestement très contrarié par une telle initiative.

– Je n'ai agi que sur le modèle de mon grand-père, s'excusa Ankhesenamon. Celui-ci affirme que les ouvriers seront demain aux portes du palais...

– Qu'ils tentent seulement de voler les mets des cuisines ! Ils seront jetés dans le Nil !

Mais au moment où Toutankhamon allait laisser éclater sa colère, un bruit de chars leur parvint. Un long cortège venait de pénétrer dans le domaine de Malqatta. Il était suivi de tous les enfants, des domestiques qui ameutèrent la cour.

– Que se passe-t-il ? demanda le roi aux gardes

– Ton messager est de retour d'Asie, Maître. Il rapporte de fabuleux présents, des tributs et des animaux exotiques. Jamais personne n'a vu un tel cortège qui égale celui du vénérable vice-roi de Koush.

La reine bénit les dieux.

– Nous sommes sauvés ! dit-elle.

VI

Panéhésy regrettait que les Grands prêtres d'Aton fussent restés à Akhetaton car il manquait de complices. Il n'avait, toutefois, pas abandonné l'idée de renverser le pharaon. Aussi attendait-il un moment favorable. Il savait qu'Horemheb l'aiderait sans le savoir en envoyant Toutankhamon en expédition. Avec les redevances des tributaires égyptiens, les artisans du palais avaient commencé à fabriquer des armes. Le recrutement des soldats avait également été confié à deux proches du général, puissants et efficaces.

Les premières armes qui avaient été fabriquées étaient celles du roi : d'immenses boucliers, des carquois en or, des lances et des arcs. Les chars qu'il utilisait pour la chasse avaient été renforcés avec des plaques en or. Les roues avaient été changées. D'autres chars étaient en cours de fabrication.

Horemheb estimait Toutankhamon prêt à guerroyer. Il devait réaliser ce que Semenkharê n'avait pas eu le temps de faire. Il jugeait bon d'accompagner le pharaon et la reine qui devait également se montrer avec Aÿ.

Panéhésy avait plaidé plus d'une fois en faveur des prêtres d'Aton mais il se montrait discret. La saison des récoltes allait commencer. Les Égyptiens seraient très occupés. Les vergers avaient été nettoyés. Dans les champs ou aux abords des fermes, les chadoufs avaient été remontés. Les fils de paysans actionnaient les balanciers. D'autres femmes coupaient des tiges de papyrus pour les faire cuire le soir même. Certains pêchaient au milieu des ibis et des hérons.

Panéhésy avait déjà fait le tour de la population thébaine. En voyant les Égyptiens reprendre une activité satisfaisante sous le regard d'Amon, il savait qu'il lui serait dorénavant plus difficile de trouver des complices. Il avait tout imaginé ; la disparition d'Horemheb ou d'Aÿ. Les deux hommes n'étaient-ils pas au seuil de la mort ? Il connaissait l'état de santé de Toutankhamon et pouvait espérer également une mort prématurée de ce petit pharaon fragile. Mais il ne comptait pas attendre pendant des années que le trône se libérât. Comme la reine lui avait donné un titre important et qu'il pensait la convaincre facilement, il alla la trouver et lui demanda d'être indulgente envers les fidèles d'Aton.

– Mais ils sont libres ! lui dit-elle.

– Tu sais, comme moi, reine, qu'il leur est impossible de venir à Thèbes. Ils seraient lynchés par les prêtres d'Amon.

– Les prêtres ne sont pas des vauriens, Panéhésy. Je ne comprends pas pourquoi tu tiens tant à revoir les Grands prêtres d'Aton ici même.

– Certains étaient des amis...

– Ils possèdent des domaines à Akhetaton. Qu'ils vivent heureux là-bas ! Attendons que les fêtes en l'honneur d'Amon soient remises à l'ordre du jour et que les monuments soient reconstruits. Ils pourront alors venir ici sans problèmes.

– Je demande à Sa Majesté l'autorisation de me rendre à Akhetaton.

– J'ai besoin de toi, répondit la reine en songeant aux recommandations de Moïse. Reste ici pour le moment.

– Je n'en aurais que pour quelques jours...

– Je t'ai donné un ordre.

Panéhésy se coucha aux pieds d'Ankhesenamon. Cette attitude singulière lui paraissait étrange. La reine n'avait pas l'habitude de lui refuser quoi que ce fût.

– En quoi puis-je servir la reine ? demanda le fonctionnaire.

– Je te le dirai. Tiens-toi à ma disposition et respecte mes volontés.

Panahésy était de plus en plus étonné par ce ton inhabituel. « Je croyais la reine conquise par mes services. Qui peut la rendre subitement agressive ? »

Panéhésy était loin de penser qu'Horemheb avait les mêmes ambitions que lui. S'il continuait à servir Toutankhamon avec beaucoup de zèle, le général était de plus en plus persuadé qu'il était l'homme de la situation et qu'il ferait le meilleur des pharaons. Alors qu'il se croyait parfaitement épaulé, Toutankhamon était entouré de comploteurs.

Horemheb avait tout intérêt à agir dès que l'armée serait prête. Prendre la tête de ses troupes, faire disparaître le couple royal, s'installer sur le trône avec Moutenejmet et le tour était joué !

Le général se heurtait, toutefois, à plusieurs problèmes. Aÿ ne le laisserait pas agir. En apprenant un changement de pharaon, les rivaux de l'Égypte garderaient leur supériorité en attendant son expédition en Asie. Sa femme ne lui pardonnerait jamais cette prise de pouvoir.

Tous ces obstacles ne l'empêchaient pas d'envisager

le titre de roi. Sous couvert d'une décision d'Amon, en manipulant les prêtres et les soldats, Horemheb parviendrait à tout.

Le projet des deux hommes fut cependant retardé par des événements étonnants. Les artistes et les hauts fonctionnaires qui préféraient garder leur maison d'Akhetaton et y vivre tranquillement décidèrent, eux aussi, de venir à Thèbes. Une telle haine contre Akhetaton finit par s'emparer de tous les Égyptiens, si bien que personne ne souhaitait plus habiter dans la ville nouvelle. Cette attitude créa des problèmes au roi qui ne voulait pas que la cité se vidât complètement. Quelques hérétiques se mirent même à démanteler les temples d'Aton pendant la nuit.

– Je dois envoyer des gardes à Maou, dit Toutankhamon à Horemheb.

Le général fut ferme. Il était impossible d'utiliser des soldats pour garder Akhetaton alors qu'ils en avaient besoin pour aller en Asie. Toutankhamon s'opposa fermement à cette décision.

– Sais-tu, Horemheb, ce que cela signifie ? La ville sera entièrement pillée !

Mais le général afficha un total désintérêt pour Akhetaton.

– Le souvenir d'Akhenaton va disparaître. Nous n'entendrons bientôt plus parler de Néfertiti et de son époux. Tout ce qu'Akhenaton a fait est chaque jour oublié ou détruit. Il était inévitable que sa ville disparût avec lui.

– Ainsi donc, Horemheb, tu avais prévu ce qui arrive. Tu ne sembles pas étonné. Tu acceptes le destin sans broncher.

– Oui. Je crois qu'il vaut mieux pour nous tous qu'on

oublie à jamais cette période étrange où tout a été modifié.

– Mais que vont devenir les tombes et les momies royales ? Il faut protéger les trésors et les sépultures. Laisserais-tu les corps des princesses volés et détruits ? Quel homme es-tu donc pour accepter cela ?

– Je comprends ton désarroi.

– Comment réagirait Moutenejmet en t'entendant ?

– Elle est émotive comme toutes les femmes et toi, tu es jeune et sensible. Je le conçois aisément. Il faut parfois oublier ses sentiments pour sortir la tête haute d'une crise. Tu ne pourras pas t'opposer aux volontés du peuple, des prêtres et des fonctionnaires. Tu dois faire le dos rond et accepter ton sort. Akhetaton est peut-être condamnée. Une page de l'histoire de l'Égypte a été tournée. Soit tu t'y opposes et tu seras obligé de lutter seul contre tous, soit tu en tires une leçon et tu restes sur le trône. Aÿ te parlera mieux que moi. Il est bien meilleur politicien. Il a traversé tant d'épreuves et nous avons été, tous deux, les témoins de tant de changements, bons ou mauvais pour notre pays. Avec l'expérience et les ans, nous savons rester stoïques face aux pires catastrophes.

– Jamais, entends-tu ? je ne laisserai quiconque profaner les tombes de mes parents et de mes sœurs. Je trouverai une solution. Aÿ m'aidera.

La situation du pays devint, cependant, plus complexe que prévu. Aussi Aÿ lui-même consulta-t-il les messagers sur leurs récents voyages. Le Père divin travaillait nuit et jour en espérant pouvoir faire face à tout. Mais il était parfois désespéré tant la tâche était vaste. Au moment où il s'y attendait le moins, des tribus nubiennes attaquèrent des caravanes égyptiennes qui transportaient de l'or. Certains gardes de citadelles furent tués et les Égyptiens évitèrent de peu le pillage. Houy prit immédiatement des mesures draconniennes. Ces attaques osées étaient, toutefois, le signe manifeste que l'Égypte allait mal.

– Tu es le roi. Tu dois donc tout connaître, finit par dire, un jour, Aÿ à Toutankhamon.

– Je sais, Père divin, que tu m'as caché bien des problèmes. Mais je ne suis plus un enfant.

– Je croyais les résoudre sans difficultés. Nous avons réussi à récupérer nos tributs et cela me paraissait essentiel. Je n'avais pas compris qu'aucun pays ne craignait l'Égypte. Nous avons besoin de bois et nous avons coupé tout contact avec les Asiatiques du littoral. Comment les persuader d'échanger leur cèdre avec nous alors qu'ils le font très bien avec d'autres peuples plus entreprenants ?

– Il suffirait de leur adresser un message...

– Hélas, non. Il fut un temps où un simple mot de Pharaon était suffisant. Nous n'en sommes plus là. Il faut réussir à les convaincre, traiter avec eux.

– Si ce n'est par la diplomatie, ce sera par la force.

– Pourquoi pas, mais notre armée n'est toujours pas équipée.

– Nous y parviendrons.

– Il faudrait également ouvrir les bureaux de Memphis et remettre en activité toute l'administration du pays.

– Cela ne me paraît pas impossible.

– Tout réorganiser demandera des mois. Quant à la corruption, il faudra lutter contre elle à tout prix. Les scribes chargés de collecter les impôts se servent. Ils volent des céréales aux paysans.

– Pour remédier à cela, nous allons embaucher de nouveaux fonctionnaires.

– Et des policiers. La corruption est un véritable fléau dans ce pays.

– Les collecteurs ont profité des malaises et des changements de politique.

– Prenons des sanctions, Toutankhamon, sinon ces hommes continueront leurs forfaits à notre insu. Je les connais. Ils sont faciles à acheter. Je n'ai aucune confiance en eux.

– Changeons-les.

– La corruption existera toujours. En revanche, s'ils ont peur d'aller en prison, ils hésiteront. La peur, voilà l'unique solution.

– Je n'aime pas ce que tu m'apprends. J'ai toujours détesté les traîtres et les voleurs. J'ai recommandé aux tribunaux d'être fermes et intransigeants avec les vauriens. Le peuple doit se sentir protégé.

– Le peuple est actuellement volé par des scribes maîtres chanteurs.

– Qu'on enquête et qu'on les amène devant moi !

– Ils sont rusés. Ils ne se laissent pas prendre aussi facilement.

– Mêle des scribes honnêtes à d'anciens collecteurs d'impôts. Ils trouveront peut-être les fonctionnaires qui ne méritent plus d'exercer leur fonction et qui finiront leur vie en prison !

– Est-ce là ta décision ?

– Qu'en penses-tu ? Il faudrait les piéger et les prendre sur le fait. Sinon, ils nieront et nous ne parviendrons à rien.

– C'est une bonne idée, Toutankhamon. Mais nous avons pendant si longtemps laissé la barque égyptienne voguer toute seule au gré de l'eau et du vent que la tâche me paraît énorme.

– J'espère ne pas découvrir que mes scribes sont tous des voleurs ! N'y a-t-il plus rien d'honnête dans ce pays ?

– Les Égyptiens ont besoin d'être dirigés, guidés, surveillés...

– Je suis d'accord avec toi.

– Ton père Akhenaton leur a laissé une totale liberté...

– Et ils en ont profité. Interroge les paysans. Ils parleront et dénonceront les coupables.

– Jamais ! Ils ont bien trop peur des scribes !

– Il est vrai que leur pouvoir est important et qu'ils en jouent. Je pourrais aussi les convoquer et leur parler. Je leur dirais que nous ne sommes pas dupes de leur manière d'agir et que nous allons prendre des sanctions.

– Même si je pense que ce discours sera insuffisant, tu dois, en effet, t'adresser à eux avec fermeté. Que tout le monde soit informé de tes paroles et qu'elles circulent sous forme de rapports dans tous les villages. Les paysans seront rassurés.

Une nouvelle stèle, plus haute que la grandeur d'un homme, venait d'être gravée en l'honneur de Toutankhamon. Elle reprenait un discours que le roi avait prononcé pour évoquer les vestiges des temples et son intention de les restaurer. La stèle était ornée de Toutankhamon face à Amon. Chaque mot du texte avait été surpervisé par le clergé d'Amon et par Aÿ. Dès que celui-ci eut terminé ce travail et que l'emplacement de la stèle fut décidé, Aÿ s'occupa du recrutement des nouveaux fonctionnaires qui allaient jouer un rôle capital sous le règne de Toutankhamon.

VII

Aÿ décida de donner plus de responsabilités à Maya. Il travailla longuement sur les listes des nouveaux fonctionnaires et les choisit avec soin.

Maya avait été très honoré. Il ne fut pas surpris d'être convoqué car il connaissait mieux que personne les problèmes du Trésor.

– Maya, lui dit fermement Aÿ, tu as une fonction primordiale. En tant que trésorier, tu dois gérer les sorties et les rentrées d'argent. Je veux que tu acceptes de surveiller la collecte des impôts afin de mettre fin à la corruption. Tu enregistreras toi-même les redevances dans les livres de comptes. Tu auras également tout pouvoir pour valider ou refuser les budgets. Aucun temple ne sera restauré sans ton accord préalable. Aucune expédition ne partira hors d'Égypte sans que tu ne l'aies accepté. Tu travailleras dorénavant à Memphis.

Le trésorier parut contrarié par cette nouvelle.

– Memphis va retrouver son activité. Tu dois être au centre de tout cela. Je veux aussi que tu donnes ton avis sur les statues qui seront sculptées pour les temples. Elles nous coûtent une fortune. Si tu peux voir les moulages et décider à partir des ébauches, ce sera encore mieux. C'est toi qui choisiras les scribes chargés de collecter les céréales auprès de chaque paysan et qui partiront dans toutes les régions du pays. Fais très attention à ton choix. Ces hommes, que tu auras harangués à Memphis doivent être honnêtes, intègres et justes.

Maya restait prostré devant le Père divin. Il n'osait rien dire mais l'importance de ses fonctions le troublait.

– Qui estimera les impôts de chacun ? demanda-t-il.

– Toi et les scribes avec l'aide du nilomètre. À toi de savoir comment évaluer les récoltes de l'année. Ne te laisse pas intimider par les requêtes des paysans qui se plaignent toujours du montant trop élevé de leurs impôts. S'ils travaillent davantage, ils récolteront plus que prévu et garderont le surplus pour eux. Celui qui n'aura pas assez travaillé te réclamera des sacs de céréales. Pharaon préviendra la population que nous ne sommes pas en mesure, cette année, de les aider. Nous le ferons dès que nous le pourrons. Prends garde aux voyages. Le grain collecté doit arriver à nos entrepôts pour y être gardé.

– Père divin, puis-je embaucher mon frère Nouhir ?

– Il est déjà scribe royal. Il peut donc travailler pour toi.

– Il est bon d'être entouré par des hommes sûrs.

– Puisque mon bureau sera à Memphis, ma tombe restera à Saqqarah.

– Fais-y graver tes nouveaux titres. Ainsi, tous ceux qui vont visiter la nécropole de Saqqarah et qui se promènent au centre de l'Éternel les connaîtront.

– Je reprendrai cette formule flatteuse, Père divin. Je crois avoir jusque-là bien servi le roi. J'espère devenir meilleur et terminer ma carrière en étant excellent. Je pourrai ainsi écrire dans ma tombe : « Quand j'ai commencé, j'étais un bon fonctionnaire. Lorsque j'ai terminé ma carrière, j'étais parfait. »

Maya ne savait pas encore comment il réussirait à financer la restauration des temples, le recrutement et l'entretien des soldats. Il lui faudrait égalements prévoir des offrandes pour tous les dieux. Estimer l'importance des récoltes à partir du nilomètre n'était pas toujours fiable. Imposer des augmentations aux paysans serait impopulaire. Ne connaissant guère les fermiers du Sud, le trésorier se demandait comment ces mesures seraient acceptées. Le peuple tolérait parfois des augmentations lorsqu'elles servaient aux cultes des dieux.

Maya n'avait qu'une certitude : il pouvait compter sur l'appui de Aÿ et de Horemheb jusqu'à une certaine limite. S'il faisait de mauvaises évaluations, s'il ruinait l'État, s'il mettait Toutankhamon en difficulté, les deux hommes l'abandonneraient. Il savait aussi que le chef des armées de Toutankhamon ne cesserait de lui réclamer de nouvelles armes et qu'il utiliserait tout le Trésor public s'il n'y prenait garde. Comment lui refuserait-il de l'aide ? Les hommes d'Hiéraconpolis étaient réputés pour être têtus. Horemheb l'était sans doute plus que les autres. En outre, ce général, qui avait atteint le sommet de sa carrière petit à petit avec beaucoup d'acharnement et de talent, avait été frustré par les décisions pacifiques d'Akhenaton. Recruter, équiper, envoyer des hommes en expédition réclamaient des fonds considérables.

« Je dois cependant écouter Horemheb en priorité car c'est lui qui gagnera des batailles et rapportera des butins à Thèbes. »

Maya était certain qu'avant toute décision importante, le roi consulterait le général, le Père divin et lui-même. Quel choix ferait Horemheb ? Attaquerait-il la Nubie alors que le vice-roi était de nouveau en difficulté ? Soumettrait-il les Libyens ? Partirait-il en Asie ? Ces campagnes ne réclamaient pas le même budget.

« À moi d'orienter le chef des armées. Je suis le seul à savoir tenir des comptes. Tout reposera sur moi. »

En quelques jours, Maya était devenu plus présomptueux que jamais. Il avait hâte de s'installer dans son bureau de Memphis et de diriger son armée de scribes au milieu des plans, des registres, des rouleaux de papyrus et des rapports.

Ceux qui l'avaient choisi pouvaient aussi devenir ses ennemis. Le divin Père Aÿ, si aimé des sujets du roi, qui préférait agir dans l'ombre, avait coutume de se faire représenter sur les murs à la place des dieux face à Toutankhamon. Qui aurait osé agir ainsi ?

Maya redoutait plus l'homme de coulisses qu'était Aÿ qu'Horemheb, le militaire satisfait des victoires qu'il avait accumulées dans sa vie. Il ne voyait en lui, comme beaucoup, qu'un général prêt au combat.

« Horemheb sera absent d'Égypte pendant des mois. Il ne me posera aucun problème. J'ai donc intérêt à lui fournir ce qu'il demande. Mais partira-t-il avec l'armée égyptienne ? Il est âgé. Il restera peut-être ici comme conseiller. Je dois le convaincre qu'il peut seul reconquérir des territoires perdus. »

Horemheb était dans l'expectative. Il ne voulait pas laisser Toutankhamon bénéficier de son expérience alors qu'il pouvait lui-même prendre le pouvoir. Lorsqu'il aurait redonné à l'Égypte toute sa splendeur, le roi serait acclamé à sa place. Il ne resterait qu'un général exceptionnel. Le moment était venu d'entraîner une armée et de l'utiliser contre le pharaon.

Dès qu'il apprit la nomination de Maya à un poste

clé, Horemheb alla trouver le trésorier comme celui-ci s'y attendait et il lui expliqua la situation.

– J'ai besoin de flèches, d'arcs, de haches, de lances, de boucliers et de vêtements.

– Je le sais. J'ai ordre de te donner tous les moyens possibles pour t'aider dans ta tâche. Dis-moi seulement quelle campagne tu envisages en premier.

– J'irai en Nubie puis en Libye. Réglons les problèmes faciles avant de nous attaquer à l'Asie plus complexe. Je promets de rapporter de Nubie plus d'or que Houy ne nous en a donné. Ce sera une nouvelle leçon pour les Koushites. Je sais exactement comment procéder et je te donnerai la liste exacte des armes et du nombre d'hommes qu'il me faut.

– Envoie-moi un messager à Memphis. Je pars demain.

– Tu auras une liste ce soir-même, dit fermement Horemheb. Je veux, toutefois, une armée forte dès maintenant. Même si je me rends tout d'abord en Libye ou en Nubie, je ne partirai pas tant que mon armée ne sera pas définitivement prête.

– Puissant maître des armées, je doute d'avoir suffisamment de moyens pour équiper en quelques semaines une armée aussi importante que l'était celle du vénéré Horus d'or Thoutmosis III.

– Il le faudra ! Car je veux superviser l'entraînement de mes soldats (Maya se garda de révéler à Horemheb que Aÿ l'avait chargé de cette tâche pour laquelle il se sentait incompétent). Je choisirai les recrues selon leur âge, leur capacité, leur résistance physique et leurs motivations. Nombreux sont ceux qui souhaitent partir avec moi pour des victoires faciles car ils en rapporteront des trésors pour leur famille. Je veux une véritable armée fiable et prête à tout pour servir le roi. Tant qu'elle ne sera pas réellement équipée, je resterai ici. Ensuite, j'enchaînerai les campagnes.

Maya ne réussit pas à le convaincre d'agir autrement.

– Dès que je serai installé à Memphis, je ferai un bilan complet des fonds à notre disposition. J'attends encore des tributs.

– Je dois me rendre à Saqqarah où je dois faire orner ma tombe, précisa Horemheb. Je te rendrai visite dans quelques jours. Je crois savoir que ta tombe ne sera pas loin de la mienne.

– En effet. Nous serons voisins dans l'Au-Delà. Alors, soyons complices dans cette vie.

Horemheb insista encore.

– Comprends-moi bien. Le roi veut restaurer les temples, améliorer les cultes, donner de nombreuses fêtes toutes plus éclatantes les unes que les autres. Mais la priorité est de rendre à l'Égypte sa gloire passée.

– J'en suis conscient.

– Si nous construisons et que nos ennemis se moquent de nous, nous devrons bientôt leur donner nos biens. Chassons les dangers avant de mener une politique intérieure où excellera Aÿ.

– La raison parle par ta bouche.

Horemheb finit par se retirer. Maya se laissa choir dans un fauteuil, les bras ballants. Il s'essuya le front avec un linge et réclama à boire. Manifestement impressionné, il resta ainsi pendant plusieurs heures à méditer. Puis il se leva avec plus d'assurance et réclama une vingtaine de scribes.

– Vous avez noté tout ce qui est arrivé ici ces derniers jours. Sortez-moi tous les registres, vos rouleaux et vos comptes. Je veux tout cela sur mon bureau ce soir-même.

Puis il donna des ordres pour son départ.

– Enfermez les écrits dans des coffres dès demain matin. Protégez-les et embarquez-les sur mes navires. Le moindre oubli sera pénalisé.

Il se tourna vers ceux qui avaient rédigé les messages aux pays tributaires.

– Quels biens attendons-nous encore ?

– Les trois quarts. Nous n'avons pas tout reçu, loin de là.

– Tant mieux.

– Doit-on renvoyer des messagers ?

– Oui et je vais moi-même rédiger les lettres. Elles seront fermes. Tous les mauvais payeurs recevront la visite du grand Horemheb. Son seul nom doit faire frémir le monde entier. Certains le croient peut-être mort. Mais les plus anciens se souviendront de ses exploits et les raconteront aux autres. Le temps des tergiversations est fini. Nous allons leur fixer des délais et un ultimatum.

VIII

La responsable du harem de Thèbes vint rendre visite en privé à Nuweiba pour la première fois. La princesse nubienne ne s'en étonna pas.

– Je pensais te voir plus tôt, lui dit-elle.

– Tu as donc compris pourquoi je venais te trouver ce soir ?

– Oui.

– Pharaon t'a choisie pour être sa compagne.

Nuweiba ne répondit pas. Elle esquissa un sourire.

– Tu dois savoir que le roi est très jeune et qu'il n'a pas l'habitude de venir ici.

– Il est sans doute très amoureux de la reine.

– Depuis peu, il nous a demandé de préparer son harem. Mais il ne semble guère s'y intéresser. Depuis ton arrivée au palais, des ordres plus stricts ont été donnés. En ce qui te concerne, tu vas être gâtée.

La princesse fronça les sourcils.

– Je ne peux t'en dire plus. Le roi te renseignera.

Toutankhamon n'avait pas oublié l'arrivée remarquée de Nuweiba mais il refusait de blesser la reine. Malgré les préoccupations d'Aÿ et d'Horemheb, le roi songeait à la distraction. Les conseillers excusaient cette attitude à cause de son âge.

Toutankhamon avait timidement demandé à la responsable du harem de faire venir Nuweiba dans ses appartements à une heure où Ankhesenamon était couchée. Mais, ce soir-là, la reine voulait manifestement s'entretenir avec le père de sa petite fille et de ses futurs frères et sœurs. Elle s'éternisait dans la chambre, s'occupait de Toutankhamon, lui massait le cou puis les mollets, répandait des parfums sur son corps.

Dans cette pièce, agréablement parfumée, où les décors du plafond rivalisaient avec les dessins des mosaïques, le couple aimait parler pendant des heures. Une symphonie de couleurs bleues et vertes donnait le ton : le pastel dominait avec les oiseaux au plumage clair, les marais envahis de papyrus, les poissons aux reflets bleutés et argentés, les hérons et les ibis bleus. Il se dégageait de ces teintes douces une atmosphère apaisante.

– Je croyais que tu voulais te reposer, lui dit Toutankhamon.

– Je préfère rester avec toi.

Le roi savait que Nuweiba ne tarderait pas à arriver et que cela provoquerait un drame. Ankhesenamon comprendrait immédiatement que la femme préparée, toilettée, parfumée, qui entrerait dans sa chambre serait sa compagne pour la nuit.

– Nous parlerons demain de ta fille, dit Toutankhamon. Cela te convient-il ?

– Tu n'as pas été à la chasse. Tu ne dois pas être fatigué. Demain matin, tu ne reçois pas d'ambassadeurs. Prenons du bon temps.

– Ne m'en veux pas, Ankhesenamon, mais je préfère rester seul.

La reine finit par s'éloigner du trône de son mari. Elle se sentait indésirable.

– Soit ! dit-elle. Je respecte tes volontés. Je te laisse. Tu me sembles, toutefois, bien étrange. Ne me cacherais-tu pas un événement grave ?

– Non. Rassure-toi.

La reine se résolut à partir. Mais la princesse nubienne vint beaucoup plus tard dans la nuit. Elle avait dû se préparer pendant de nombreuses heures si bien que le roi, impatient, avait bu, en l'attendant, plus que de raison. Il somnolait lorsque ses gardes lui annoncèrent la venue de Nuweiba.

– Te voilà enfin, dit le roi en ouvrant avec peine les paupières.

– Je peux repartir, suggéra la princesse en se tenant maladroitement devant lui.

– Je me suis assoupi sur ce trône. Où en est la course du soleil ?

– Les étoiles brillent depuis longtemps dans la nuit.

– Où est la reine ?

– Probablement dans ses appartements.

Le roi se redressa et réclama de l'eau pour se rafraîchir.

– Tu es magnifique, dit-il en reprenant ses esprits.

Elle enleva le voile qui recouvrait ses épaules et montra sa poitrine au roi. Le bout de ses seins avait été peint en rouge. Toutankhamon tendit la main vers eux et les caressa doucement. Il passa ses doigts d'adolescent sur les galbes menus et doux.

– Tu me plais beaucoup, Nuweiba, dit-il en caressant son ventre orné d'une pierre turquoise.

Elle se tenait près de lui, debout, les bras ballants, dans une attitude soumise. Mais elle se pliait de bonne grâce aux caresses du roi. Elle ferma les yeux pour mieux les apprécier et laissa, malgré elle, échapper un murmure. Le roi promena sa main sur ses cuisses.

– Mets-toi à genoux devant moi, lui dit-il. La reine aime se tenir ainsi près de moi.

La princesse s'agenouilla, les pieds repliés sous elle, puis elle s'empara de ses jambes qu'elle embrassa dans un grand élan d'affection.

– Viens plus près de moi, lui dit Toutankhamon qui la désirait ardemment et qui avait oublié son envie de dormir. Bois dans cette coupe.

Il prit lui-même le récipient en or qu'il porta aux lèvres de la jeune femme. Elle renversa la tête et but le vin.

– Encore ! dit le roi en la regardant boire. Il est très bon.

Il la servit cinq fois de suite et but à son tour. Tous deux se mirent à rire.

– Viens contre moi, répéta le roi en caressant ses épaules et son cou.

Il défit sa chevelure savamment nattée et la laissa choir dans son dos. Elle détacha sa jupe et se retrouva nue. Enhardie par l'alcool, elle osa alors retirer la ceinture en or de Toutankhamon.

– Puis-je, Seigneur ?

Pudique, le roi lui prit, tout d'abord, les poignets pour l'arrêter puis il la laissa faire. Le pagne plissé qui entourait ses reins s'ouvrit. Il se livra alors aux caresses expertes de Nuweiba.

– Tu es jeune, lui dit-il entre deux soupirs. Tu connais pourtant les gestes de l'amour. Qui te les a appris ? Une princesse reçoit habituellement une éducation exemplaire. Elle ne connaît pas les secrets amoureux. Quel âge as-tu ?

– J'ai appris ta langue mais je ne la maîtrise pas complètement. Je dois avoir vu douze printemps. Si tu veux savoir si d'autres hommes m'ont connue, rassure-toi. Je suis toujours vierge. La maîtresse du harem m'a, cependant, initiée à l'amour en quelques jours. Je suis, sans doute, maladroite.

Tout en parlant, elle continuait ses caresses et collait son corps contre celui de Toutankhamon. Elle sentait le roi frémir et souriait de ses gémissements.

– La reine ne connaît-elle pas de telles pratiques ?

Elle embrassa ses épaules et sa poitrine, entoura sa taille de ses bras et osa toutes les finesses.

Le roi n'osait bouger. Nuweiba se releva légèrement.

– Non, reste ainsi, murmura-t-il.

Elle prit une grappe de raisin dans une coupe et la porta à la bouche du roi. Celui-ci s'empara d'un grain puis d'un autre et lui tendit les fruits à son tour. Elle fit mine de ne pouvoir les attraper avant de les manger goulûment et d'approcher ses lèvres des siennes pour partager son festin. Ils s'embrassèrent et se tinrent enlacés. Le roi réclama ses serviteurs après avoir cédé une première fois au plaisir puis il se laissa rafraîchir rapidement.

Couchée sur le ventre, Nuweiba l'attendait sur son lit. Il la regarda, but de nouveau et s'allongea à son tour. Il avait oublié Ankhesenamon et n'aurait échangé sa place avec personne.

La nuit sembla courte à Toutankhamon. Nuweiba ne l'avait pas quitté sauf pour aller chercher des onguents, des parfums, ou des boissons. Des servantes s'étaient occupées de leur corps. Puis il les congédia pour se retrouver seul avec la princesse. Leur peau avait l'odeur de la rose. Elle perlait en dégageant de douces exhalaisons. Toutankhamon voulait connaître chaque partie du corps de la princesse que la maîtresse du harem avait pris soin d'enduire de déodorant fruité. Sa quête paraissait infinie. Il ne se lassait pas et goûtait à chaque instant comme un enfant devant une pâtisserie.

Quand le soleil se leva, Nuweiba proposa au roi de s'éclipser.

– Pourquoi partir si vite ?

– La maîtresse du harem m'a appris qu'il fallait laisser le roi se reposer car ses journées étaient bien remplies.

– C'est vrai. Mais je n'ai cure de mes obligations pendant cette matinée et je ne suis pas las.

– Un prêtre va se présenter ici.

– Le garde le renverra.

– La reine te demandera.

– Les domestiques lui diront que ma porte est condamnée.

Toutankhamon balança la tête à droite et à gauche.

– En réalité, je n'ai jamais interdit ma porte à la reine, ajouta-t-il.

Il se coucha sur le corps mince de Nuweiba dont le maquillage était resté intact. Jamais il n'avait désiré la reine ainsi.

De son côté, Ankhesenamon n'avait pu trouver le sommeil. Elle avait jugé l'attitude de son mari inhabituelle et avait maintes fois voulu retourner lui parler. Puis elle s'était raisonnée. Quand elle arriva devant la porte royale, elle apprit par un garde que Toutankhamon n'était pas encore sorti de sa chambre.

– A-t-il vu le prêtre ?

– Non. Il n'a reçu personne.

– Voilà qui est inquiétant. Le roi serait-il souffrant ?

– Pas que je sache.

– Dort-il ?

– Je ne sais.

– Ouvre cette porte et laisse-nous seuls.
– Je n'en ai pas le droit.
– Que dis-tu ?
– Les ordres de Pharaon sont stricts.
– Quel est ce mystère ?
– Le roi a de la compagnie.
– Te moques-tu de moi ? Tu viens de me dire qu'il n'a reçu personne.
– En effet.
– S'agirait-il d'une femme ? C'est impossible ! Un roi se rend dans son harem. Il n'accueille pas une épouse secondaire dans cette chambre que nous partageons.

L'Égyptien parut gêné. Comme toujours dans ces cas-là, il baissa la tête sans répondre. Ankhesenamon se rendit aussitôt dans le harem royal et demanda la responsable.

– L'une des femmes du harem est-elle absente ? l'interrogea-t-elle.
– Oui.
– Quel est son nom ?
– Nuweiba.

La reine pâlit.

– Où est-elle ?
– Dans la chambre du roi.
– Depuis quand ?
– Hier soir.
– Que veut dire tout cela ? Ne connais-tu pas le règlement ? Une simple princesse étrangère doit attendre ici la visite du roi.
– Je ne peux agir contre les volontés du roi.
– Est-ce la première fois que Nuweiba se rend ainsi dans les appartements royaux ?
– Oui.
– Elle devrait être revenue.

– Oui, Grande de Beauté. Je le lui avais expliqué. Toutefois, si le roi...

– Allons ! Le roi a d'autres affaires plus importantes à traiter que de s'occuper d'un cadeau du vice-roi Houy.

– Peut-être veux-tu réorganiser ce harem ? proposa l'Égyptienne pour éviter un drame. Toutes les reines l'ont fait. Tu choisiras les femmes les plus belles ou celles qui te conviennent le mieux. Tu connais les goûts de Toutankhamon.

– Voilà une bonne idée, dit Ankhesenamon. Cette Nuweiba me déplaît. Elle ne sait pas tenir sa place. Je la trouve trop typée. On pourrait la mettre dans le harem d'Akhetaton.

– Comme tu le souhaites.

– Je vais te donner une liste des femmes qui partiront pour Akhetaton et de celles qui iront à Memphis. Les autres resteront ici jusqu'à nouvel ordre. Ne parle pas au roi de notre discussion ni de ma visite. Ce soir même, Nuweiba aura quitté Thèbes. Le roi doit avoir tous ses esprits pour gouverner et je suis la seule à pouvoir le seconder. Si je pouvais renvoyer cette peste en Nubie, je le ferai. Mais Houy le dirait aussitôt à Toutankhamon et elle reviendrait sur l'heure.

Bien qu'elle donnât ses ordres sans faiblir, Ankhesenamon avait le cœur gros. Elle s'enferma dans ses appartements et joua avec sa fille. « Cela devait arriver un jour. C'était inévitable, se disait-elle. Un roi a toujours ses préférées. Mais je pensais que les femmes du harem ne l'attiraient guère jusque-là. »

Le fait de savoir le roi en compagnie d'une princesse là où il la chérissait habituellement la rendait folle de rage.

– Il a osé me mentir hier soir.

Comme sa fille réclamait Toutankhamon, Ankhesenamon décida de la prendre dans ses bras et de franchir le barrage des gardes. Puis elle se ressaisit. « Si je veux me débarrasser d'elle, je dois agir finement. »

Elle envoya, toutefois, l'un de ses domestiques aux nouvelles.

– Reviens me dire si le roi est enfin disponible, lui dit-elle.

Elle attira sa fille contre elle et la berça longuement.

– Le pharaon va s'occuper de toi dès qu'il reviendra. Je vais devoir songer à te donner un frère.

Aÿ vint la déranger. Elle se retint de lui tomber dans les bras.

– Le roi est plus matinal d'habitude. Je te croyais avec lui.

– Il était très fatigué hier. Il dort encore.

– Je vais le réveiller. Je souhaite qu'il parle au trésorier Maya avant son départ.

– Si c'est important, n'hésite pas.

Aÿ s'occupa quelques instants de son arrière-petite-fille.

– Grand Père divin, crois-tu qu'une Grande Épouse puisse être menacée par une femme secondaire ?

– Ta mère en a été le parfait exemple. C'est fréquent. Ton époux est le fils d'une épouse secondaire. Ces femmes ont souvent plus de pouvoir sur le roi que la reine.

– Qu'avait fait ma mère pour être rejetée ?

– Ta mère Néfertiti ne l'a jamais été. Mais Kiya était très éprise d'Akhenaton. Elle avait l'un de ses meilleurs atouts avec Toutankhamon.

– La reine doit avoir plusieurs fils.

– C'est préférable, en effet, approuva Aÿ en embrassant la fille de la reine. Comment cette enfant accepte-t-elle son nouveau père ?

– Elle n'a presque pas connu Akhenaton et elle ne se souvient plus de Semenkharê. Son vrai père est donc pour elle Toutankhamon.

– Ton destin n'est-il pas enviable puisque tu éprouves pour lui beaucoup d'amour ?

– Sans doute, répondit Ankhesenamon. Tout n'est parfois pas aussi simple. Quand je rencontre quelque malheur, je songe à ma merveilleuse petite fille qui a failli mourir et je remercie les dieux.

– J'adore cette enfant. Nous allons lui donner la meilleure des éducations.

Aÿ avait hâte de voir sortir le roi. Il prit congé de Ankhesenamon qui alla s'assurer, de son côté, que Nuweiba partirait bien pour Akhetaton. « C'est le moment. J'espère que les malles de la Nubienne sont prêtes. »

Elle laissa sa fille sous la surveillance de Maïa, la nourrice de Toutankhamon, et se précipita au harem.

– Nuweiba va prendre l'un des bateaux qui partira demain pour Memphis avec le trésorier royal, dit-elle à la maîtresse des lieux. Regroupe ses affaires.

– Mais la princesse est venue avec plusieurs servantes et un important mobilier.

– Regroupe l'essentiel. Nous ferons suivre le reste.

– J'ai déjà commencé le travail mais seule Nuweiba saura faire son choix.

– Elle ne va pas tarder à revenir.

– Et si elle souhaite parler de ce départ au roi ?

– Elle n'en aura pas l'occasion. Toutankhamon sera accaparé par ses affaires toute la journée. Il ne l'écoutera pas.

– Si le roi me demande où se trouve la princesse ?

– Dis-le-lui et propose-lui une autre femme. Lorsqu'il

en aura connu plusieurs, il les oubliera toutes et ne s'attachera à aucune.

Face au silence de son interlocutrice, la reine ajouta :

– Tu as une grande expérience. Je sais que tu rêves de partir. Je te donnerai de quoi vivre heureuse. Tu connais tes filles et les hommes. Tu sauras envoyer à Toutankhamon les femmes qu'il lui faut.

– Ton message est aussi clair que ceux d'Hathor, répondit l'Égyptienne.

– Te sens-tu capable de travailler pour moi ?

– Oui. Je connais mon métier... Les pharaons n'ont jamais été déçus par mon travail.

– Le roi doit apprendre à réserver ses sentiments pour la Grande Épouse.

– Je vais faire de mon mieux. J'ai mon idée sur la question.

– Tu ne le regretteras pas.

La reine aperçut la princesse.

– La voilà. En lui disant que le roi l'envoie en Moyenne Égypte, elle pensera sans doute qu'il a été déçu par cette nuit.

– Laisse-moi agir. Je préfère suivre mon idée. Une femme sait qu'elle a comblé un homme. Elle ne me croira pas.

– Mais Toutankhamon ne peut qu'être dépité par cette nuit.

– Sans doute. Retire-toi, reine. J'ai compris ton message. Nuweiba embarquera demain.

Comme les autres femmes entouraient la favorite de la nuit royale, Ankhesenamon s'éclipsa. Le visage radieux de Nuweiba ne lui échappa pas. « Elle croit être la préférée du roi. Mais elle se trompe. Elle va apprendre à vivre à la cour selon les règles. »

IX

Accaparé par ses occupations, le roi n'eut guère le temps de se soucier de Nuweiba dans les jours qui suivirent. Il ne se rendit pas au harem et ne reçut aucune femme. Seule Ankhesenamon le voyait très régulièrement. La reine avait décidé de se montrer assidue et d'éviter tout scandale si le pharaon apprenait le départ de la princesse nubienne. « Il l'oubliera vite. Mais je dois laisser passer les jours et lui trouver du travail. »

La reine n'eut aucun effort à faire. Le roi devait lire les messages d'Horemheb et ses arguments pour se voir attribuer une bonne partie de la fortune de l'État. Il regardait attentivement chaque jour les rapports que lui envoyait le trésorier Maya de Memphis. Il écoutait les conseils d'Aÿ et devait faire face aux volontés des prêtres d'Amon. Il contrôlait les chantiers et l'ouverture des carrières, l'entrée de nouveaux tributs et demandait avec inquiétude des nouvelles des frontières. Il avait commencé les travaux de restauration des statues d'Amon même si les fonds manquaient encore.

Quelques jours après sa nuit avec Nuweiba, le roi sentit, cependant, la nécessité de se reposer et d'aller trouver auprès de la princesse du réconfort. Il s'était remis à penser à leurs ébats et désirait ardemment la jeune fille. N'avait-il pas rêvé pendant toute la nuit à sa chevelure d'ébène, à ses dents éclatantes de blancheur, à ses grands yeux dans lesquels son regard se noyait, à sa taille fine, à ses hanches menues, à sa petite poitrine haute et savoureuse.

Quand il arriva au harem, la Supérieure le reçut comme à l'accoutumée et lui adressa de larges sourires. Toute la partie sud de Malqatta était ornée d'oiseaux volant parmi les lotus et les papyrus, de gazelles et de poissons. Dès qu'il pénétrait dans les petites chambres, le roi entendait le son des harpes et des crécelles. Quatre cents femmes discutaient ou chantaient. Près de cent cinquante enfants jouaient dans les couloirs. Les femmes parlaient tous les dialectes. Les Asiatiques étaient les plus nombreuses.

– Je t'annonce le départ imminent d'Horemheb pour la Nubie et la Libye, dit le roi à la Supérieure. Il ne reviendra pas les mains vides. Il rapportera des dizaines de futures épouses secondaires que tu choisiras. Élimine les plus vieilles et les plus laides. D'autant qu'il se rendra ensuite en Asie et que ses butins seront encore plus impressionnants.

– Je peux envoyer à la retraite quelques-unes des femmes d'Aménophis III.

– Ce serait une excellente idée. Remercie-les et donne-leur des cadeaux. Nous allons renouveler les filles de ce harem ! L'Intendant chargé des danses et des harems t'aidera.

– Je peux aussi demander l'aide des eunuques qui travaillent sous ses ordres.

– Ils ne risquent pas de rivaliser avec Pharaon !

– Maître, que souhaites-tu ? D'autres hommes peuvent-ils accéder à ce harem ?

– Non. Seul Pharaon viendra ici. Aucune femme n'en sortira et seul le roi y entrera. Est-ce clair ?

– Absolument, Horus d'or. Tes désirs sont des ordres.

Toutankhamon s'étendit presque dans son large fauteuil. La salle où ils se trouvaient était immense. Elle était toujours fraîche et agrémentée de vasques ornées de femmes nues du plus bel effet. Les piliers lotiformes ou papyriformes, d'un diamètre très large, étaient tous colorés.

Le voyant épuisé, la Supérieure, maligne, fit entrer quelques Égyptiennes nues, le corps glabre, les yeux très maquillés, les lèvres rouges, les ongles pourpres comme des pétales de fleurs et les chevilles ceintes de chaînettes d'or fin.

Le roi ferma les paupières et se laissa servir. Il sentit des odeurs de fleurs l'envahir et devina le corps doux et mince des femmes qui s'activaient autour de lui. Certaines l'effleuraient en apportant du vin, des lis, des lotus, des parfums ou des onguents.

– On est bien chez toi, dit-il à la Supérieure sans ouvrir les yeux. Il y fait frais. J'oublie ici mes soucis et ma fatigue.

– Détends-toi, Horus d'or, lui dit la Supérieure en faisant signe aux Égyptiennes de se rapprocher de Pharaon.

Deux très jeunes Égyptiennes approchèrent de ses narines des lotus qui l'envoûtèrent. Une autre coupa en morceaux un melon fruité qu'elle lui fit manger. Une quatrième apporta une petite table en ivoire et en ébène sur lequel était placé un jeu de damier noir et blanc en bois précieux. Elle plaça sur les carrés colorés les pions verts et bleus à tête de chacal et de chiens en porcelaine. Deux autres femmes, plus noires de peau, se glissèrent derrière lui et commencèrent à agiter des plumes d'autruche et des chasse-mouches.

– Voilà les osselets, lui dit une Égyptienne d'une quinzaine d'années en prenant les mains du roi.

Toutankhamon ouvrit enfin les yeux et respira profondément les senteurs opiacées de plusieurs fleurs que lui tendait une Asiatique. Il n'en regarda pas moins la poitrine de la plus jeune et lui toucha délicatement les seins. Il semblait tellement séduit par cette ronde de princesses que la Supérieure fit signe à dix autres femmes de se joindre à elles. « Il va vite oublier Nuweiba s'il était venu pour passer la nuit avec elle... »

La sœur de Houy fit venir du vin en grande quantité et prit garde à laisser la coupe de Pharaon toujours pleine. Le jeune homme ne résistait pas longtemps à l'abus de l'alcool. Il se mit bien vite à plaisanter et à rire avec les jeunes femmes qui l'entouraient. Il joua sans conviction au senet tout en les caressant. Puis il manifesta la volonté de gagner les chambres.

– Où veux-tu aller ? lui demanda la sœur de Houy.

– Guide-moi. Où dorment ces princesses ?

Le roi se leva en titubant.

– Dans les petites chambres de l'étage. Désires-tu conserver avec toi toutes ces femmes ou choisiras-tu l'une d'entre elles pour la nuit ?

– Je choisis Nuweiba, lui dit le roi en saisissant une autre fille par la taille.

Regrettant sa réponse, il ajouta.

– Belle princesse, je veux être cette nuit accompagné de toutes ces femmes. J'espère que tu en tireras autant de plaisir que moi.

La jeune fille, flattée d'avoir été choisie la première, un peu dépitée de ne pas suffire au roi, secoua sa chevelure défaite.

– Cette nuit, tu t'appelleras Nuweiba, lui chuchota la

Supérieure du harem en les suivant. Ne te pose pas de questions. Le roi veut Nuweiba. Tu seras donc Nuweiba.

Toutankhamon monta jusqu'aux chambres aux murs peints. Il traversa la cour avec ses pièces d'eau et ses vasques harmonieuses mais jugea les pièces petites et modestes. Au fond, un rideau s'ouvrait sur une alcôve où avait été placé un lit recouvert de coussins et d'étoffes colorés.

– L'endroit est vraiment exigu pour accueillir toutes ces femmes, dit-il à la sœur de Houy.

– Restons tous les deux ensemble, suggéra timidement la princesse qu'il tenait par la taille et qui espérait bien devenir la favorite.

– Pharaon serait beaucoup plus à l'aise dans le kiosque du lac, suggéra la Supérieure.

– Tu as raison !

– La petite île où a été aménagé le kiosque a été nettoyée ce matin. Vous y seriez en un instant.

Mais le roi hésita subitement car il venait de penser à la reine. Il préférait se rendre discrètement au harem pour ne pas soulever sa peine ou sa colère. Sortir dans le parc, se rendre jusqu'au lac, traverser avec plusieurs barques et toute une suite de femmes ne passeraient pas inaperçu.

– Crois-moi, insista la Supérieure. Tu passeras des heures délicieuses au calme et au frais. Ankhesenamon la divine m'a donné l'ordre de remettre ce kiosque en état, pour faire plaisir au roi.

– Ankhesenamon ? s'étonna le roi.

– Elle-même. Elle veille sur le désir de Pharaon.

– Que ces femmes nues me suivent jusqu'aux barques et qu'elles rament ensemble. J'aurai plaisir à les contempler en plein effort. Embarquons aussi du vin et de la bière.

– Je t'accompagnerai pour surveiller les filles. Certaines viennent d'entrer dans ce harem. Je n'ai qu'une confiance modérée dans les nouvelles. N'oublie pas, roi, que des épouses secondaires ont autrefois tenté de tuer le roi !

– Viens si tu le souhaites. Tu resteras loin du kiosque.

Une trentaine de jeunes femmes accompagnèrent le pharaon. Leurs rires durent parvenir jusqu'aux appartements de la reine. « Ankhesenamon sera satisfaite, se dit la sœur de Houy, car jamais aucune de ces filles ne rivalisera avec une reine. Elles sont trop futiles et manquent totalement de caractère. De source sûre, je sais également qu'elles ne sont guère habiles au lit même si elles sont agréables à regarder. Pharaon passera une bonne nuit car il est jeune et ne recherche pas encore les plaisirs raffinés. Il sera vite contenté et il s'endormira sur les tapis. Demain, il ne se souviendra plus d'aucune d'entre elles. À sa prochaine visite, je lui proposerai d'autres adolescentes, originaires de Nubie. »

Affalé dans l'une des barques au fond recouvert de coussins, Toutankhamon s'amusait des gestes rythmés des jeunes filles qui ramaient. Des musiciens avaient embarqué dans un autre bateau et aidaient les efforts des adolescentes souriantes en tapant dans leur tambourin. La traversée était si courte qu'il s'agissait plus de contenter le roi que de réaliser un exploit. Les serviteurs s'étonnaient de ce spectacle où une trentaine de femmes nues, éclairées par les étoiles qui se reflétaient sur le lac, ramaient en cadence devant un roi gai et réjoui.

Sans attendre, le pharaon entra, dès son arrivée sur l'île, dans le kiosque soutenu par des colonnes papyriformes jaunes, rouges et bleues. Il ordonna de ne pas être dérangé et se laissa dévêtir par les jeunes femmes qui l'entourèrent, le parfumèrent, le frictionnèrent, le massèrent, l'embrassèrent avant de se coucher contre lui. Mangeant quelques grappes de raisin et buvant entre deux ébats, Toutankhamon découvrait les plaisirs de la luxure avec beaucoup de contentement. Il avait la sensualité de sa mère et de son père, le goût des plaisirs et de la volupté. Gourmand, avide et exigeant comme Aménophis III, il apprenait la vie du roi au harem sous le regard aiguisé et bienveillant de la sœur de son ami Houy en qui il avait une entière confiance.

« Je répare l'erreur de mon frère, se disait la Supérieure du harem. J'espère qu'il n'en commettra pas une autre lorsqu'il reviendra ici. Il doit songer à la reine. S'il ne sert que le roi, il perdra sa fonction. Je dois le lui faire comprendre avant qu'il ne se présente de nouveau devant Toutankhamon. »

Elle songeait aussi à la demande en mariage de son frère. « Comment abandonner ma charge et partir pour la Nubie ? Dois-je réellement épouser mon frère ? » Elle ressentait pour lui une très grande admiration. Elle ne cessait de penser à lui depuis sa visite. Mais il lui faudrait demander l'avis du roi. Son influence sur le vice-roi de Koush déplaisait à certains. Sa grande personnalité, ses idées bien arrêtées, son caractère hors du commun lui donnaient une place trop importante auprès de son frère. Même sa mère estimait que Houy travaillait mieux sans la présence de sa sœur. « Me marier avec mon frère pourrait être mal compris de nos amis et de notre entourage. Le roi a le droit et le devoir de s'unir avec sa sœur. Mais Houy n'est qu'un fonctionnaire. Horemheb et Aÿ lui ont fait la leçon à ce sujet. »

Malgré tout, elle ne cessait d'imaginer sa vie aux côtés de Houy et elle regrettait chaque jour d'être si loin de lui. La Supérieure était une femme plantureuse et volontaire. Plus grande que la plupart des Égyptiennes, dépassant même les hommes par sa hauteur et par sa carrure, elle en imposait physiquement et moralement. Sans être d'une grande beauté, elle avait le charme des caractères forts qui dégagent une indéniable aura autour d'eux. Elle inspirait confiance et n'admettait guère les remarques. Seules celles de Pharaon pouvaient l'émouvoir. Mais elle savait, mieux que le roi et la reine, manipuler les êtres et s'adapter aux situations.

En la voyant grandir et s'affirmer, Houy avait été très impressionné par cette personnalité presque masculine. Aimant le pouvoir et les hommes de tête, il avait été séduit par une femme que d'autres auraient immédiatement fuie. Les traits de son visage un peu grossiers, le haut de ses bras un peu trop musclé, ses hanches larges ne lui déplaisaient pas. Ce qui la distinguait des autres filles l'attirait. Dans l'entourage d'Houy, on se méfiait de ce fort tempérament. Ses frères et sa mère, les premiers, l'avait mis en garde. Mais le vice-roi savait quel avantage il pouvait tirer d'une telle femme. Il écoutait volontiers ses conseils alors qu'il se passait de ceux de ses conseillers. Il admirait son courage et son endurance.

« Dois-je parler à Toutankhamon ? se demanda plusieurs fois la sœur de Houy. Je me plairais tant auprès de ma famille ! La reine comprendrait-elle davantage mon impatience ? »

Mais elle savait aussi qu'Ankhesenamon avait besoin d'elle pour contrôler les harems.

– Elle me demandera de patienter encore un peu.

Elle s'étonnait de ne recevoir aucune nouvelle personnelle de Houy.

– Serait-il trop occupé ? Il était si attentionné pendant son séjour à Akhetaton. M'aurait-il déjà oubliée ?

Quand elle apprenait une révolte en Nubie, elle se lamentait jusqu'à ce qu'Horemheb la rassurât.

– Je ne vais pas tarder à quitter Thèbes pour le pays de Koush. Crois-moi, Houy sera définitivement en sécurité. Il possède l'armée de Mérymès et peut faire face aux brigands.

– J'ai hâte que le général des armées parte le rejoindre, répondait l'amoureuse.

Horemheb avait projeté de partir pendant les mois les plus frais. Il taraudait Maya pour obtenir enfin les fonds nécessaires à ses campagnes. Ne perdant pas de temps, il entraînait de nouvelles recrues et guettait chaque soir son messager qui tardait à revenir de Memphis.

– Sans l'accord de Maya, je ne partirai pas. Il me faut suffisamment d'armes, de chars et de chevaux.

Il se demandait toujours s'il n'utiliserait pas cette armée, une fois constituée, pour la retourner contre le roi et pour prendre le pouvoir. Il lui suffirait de la former, de l'exercer pendant les expéditions de Nubie et de Libye. En apprenant les succès égyptiens et le retour d'Horemheb à la tête de l'armée, les Asiatiques, les Babyloniens et les Hittites deviendraient plus dociles. Il aurait, alors, l'opportunité de s'emparer du trône. Ce cas de figure impliquait bien des conséquences : sa femme Moutenejmet lui tournerait peut-être le dos ; les principaux membres de la famille royale seraient tués ; Aÿ devrait être supprimé le premier ; Horemheb aurait sous son contrôle l'ensemble des prêtres et des fonctionnaires. L'effet de surprise jouerait en sa faveur. Personne n'imaginait, en effet, les projets du général. Maya ne s'étonnait pas des besoins importants du chef des armées. Moutenejmet le considérait comme un héros.

Elle ne cessait de lui répéter qu'il serait le véritable sauveur de l'Égypte.

– Sans toi, que pourraient les enfants ? disait-elle en parlant du couple royal. Aÿ a beau être le meilleur des diplomates et des politiques, il ne prendra jamais la tête de l'armée !

Tout le monde était suspendu aux succès militaires d'un homme qui n'était plus jeune.

« Être pharaon, quel destin inouï, se disait Horemheb. Pourquoi ne mériterais-je pas de monter sur le trône ? Qui contesterait ma puissance ? Même si je ne vis encore que quelques années, j'aurai le plaisir d'entrer dans l'histoire. » Rares étaient, en effet, ceux qui, à l'instar de Houy, étaient capables de tenir tête à Horemheb. Il saurait les affronter sans peine et les soumettre ou les tuer.

*
**

Horemheb partit en campagne pour quelques mois. Il reprit très rapidement toutes les régions qui avaient échappé à Akhenaton. Sa présence faisait un effet consternant sur certains peuples qui le croyaient mort. Le général décida de visiter rapidement toutes les régions qu'il souhaitait soumettre avant d'entreprendre des campagnes mieux préparées et plus onéreuses.

– Cela te permettra de renflouer les caisses de l'État et de me donner plus de moyens pour partir en expéditions, avait-il dit à Maya.

Horemheb revint d'Asie deux mois après son départ de Thèbes. Il ramena de nombreux prisonniers qu'il fit défiler, les mains liées, devant le pharaon.

– Comment réagissent les peuples ? l'interrogea le roi.

– Quand ils m'ont vu, ils se sont soumis rapidement. Des espions leur avaient déjà annoncé ma venue.

– As-tu combattu ?

– Peu. J'ai suivi le littoral et je suis entré à l'intérieur des terres quand j'ai pu constater qu'aucun peuple n'était hostile à mon arrivée en Asie.

– Nous avons, pourtant, de nombreux ennemis...

– ... qui se sont tus ou cachés. Je crois que cette première visite les a beaucoup impressionnés.

– Ta réputation t'a précédé.

– Je le pense aussi, répondit Horemheb sans cacher sa prétention.

Toutankhamon apprécia le butin que son général rapportait facilement.

– Nous aurons tout le temps d'observer la réaction des Asiatiques car je compte maintenant me rendre dans le Sud pour procéder de la même façon.

– Les Nubiens sont déjà au garde-à-vous. Le vice-roi de Koush leur a parlé de ton récent voyage en Asie. Ils tremblent dans leur village.

– Mon expédition sera donc rapide et efficace. Je ramènerai quelques prisonniers pour impressionner les habitants de Koush. Ensuite, je me rendrai en Libye. Ce sera encore plus facile. Je choisirai des Libyens travailleurs que je placerai dans les temples thébains.

– Pour tes récentes réussites et pour tes plans judicieux, je te nomme dès ce jour « responsable des travaux royaux » et « ambassadeur du roi dans le monde entier ».

– Le seul titre de « scribe royal » me comble, mentit Horemheb qui convoitait toujours le trône d'Égypte.

– Tu es trop modeste. Je ferai créer pour toi en ton absence une magnifique statue qui te représentera en scribe. Tu pourras inscrire sur le socle que tu es « l'écrivain royal chargé de donner ses ordres à la cour ».

– Ajoute que je suis cultivé et que mes propos sont sages.

– Si tu le souhaites.

– Ne comble pas ainsi mon époux, disait Moutenejmet au roi en profitant de la présence d'Horemheb. Il ne va plus revenir à Thèbes. Il se complaira dans des campagnes longues et nombreuses.

– Rassure-toi, lui répondait Horemheb. Mes visites à l'étranger seront aussi rapides que les éclairs. Je ne veux pas rester éloigné de la cour thébaine. La vie des camps ne me convient plus. J'ai besoin de confort et de repos. J'ai d'autres ambitions que celles de soumettre des pays que j'ai autrefois asservis.

Moutenejmet était réconfortée par de telles paroles auxquelles elle n'ajoutait pas foi.

X

Horemheb se montra très occupé dans les mois qui suivirent. Aussi n'eut-il guère le temps de surveiller l'entourage du roi. Voyageant de Thèbes à Memphis, entraînant ses troupes, recrutant lui-même de nouveaux soldats, il avait retrouvé sa jeunesse. Moutenejmet était très fière de lui.

– Nous ne pourrions rien faire sans Horemheb, reconnut devant elle Ankhesenamon.

Moutenejmet lui tomba dans les bras.

– Je te serai toujours reconnaissante de ne pas suivre les propos de ta mère Néfertiti qui détestait mon époux.

– Parce que je le vois dévoué et travailleur. Qui accomplirait, à son âge, de pareilles tâches ? Qui projetterait de se rendre dans plusieurs pays et de faire des expéditions aussi lointaines ?

La regard de Moutenejmet s'assombrit.

– J'ai épousé un général qui avait fait ses preuves et qui devait rester à la cour, non un jeune militaire assoiffé de succès. Et pourtant, je tremble aujourd'hui comme une femme qui vient de se marier et qui voit partir son mari à la guerre.

– Hélas, ma chère tante, tu sais qu'Horemheb est le seul capable de redonner à l'Égypte son ancien pouvoir.

Nous nous sommes trop longtemps ridiculisés aux yeux de nos alliés et de nos ennemis. Si nous voulons redevenir de grands pharaons, j'ai compris qu'il fallait combattre. Personne d'autre qu'Horemheb n'en impose autant.

– Que diront nos adversaires lorsqu'ils verront arriver en tête de ligne un vieil homme ?

– N'exagères-tu pas, Moutenejmet ? Horemheb est résistant. Quand il combat sur son cheval ou dans son char, il est éclatant de beauté et de puissance. Il a repris, lui aussi, l'entraînement. Il est malin comme un renard et ne se laisse jamais déborder.

– Je suis très fière de lui. Mais je ne puis m'empêcher de penser aux années calmes que nous avons passées à Akhetaton.

– Ton mari était malheureux. Il est fait pour diriger et pour organiser des campagnes. C'est un chef dans l'âme.

– Je le sais mieux que personne. Je suis la seule qu'il écoute... parfois.

Ankhesenamon éclata de rire et embrassa sa tante.

– Nous serons là pour te réconforter, ma chère Moutenejmet. Tu es tellement bonne ! Tu t'es toujours occupée de nous avec tendresse lorsque nous étions dans le malheur. Tout le monde t'aime. Crois bien que je serai présente si tu souhaites te confier à moi. Je t'écouterai attentivement. J'ai foi en l'avenir. Non seulement Horemheb reviendra vite mais il savourera à tes côtés ses triomphes. Le seul fait d'avoir annoncé son départ dans certaines régions a engendré d'étonnantes réactions. Nos alliés, peu enclins à verser leurs tributs, se sont empressés de nous envoyer un messager et de nous renouveler leur fidélité. Ils se couchent devant Pharaon comme ils auraient toujours dû le faire !

– Je connais le pouvoir d'Horemheb. Hélas, une flèche est vite perdue...

– Les dieux ne le permettront pas ! Horemheb reviendra sain et sauf, auréolé de gloire.

– J'espère qu'il réussira à réunir des soldats courageux qui lui resteront fidèles.

– Là encore, le chef des armées devine mieux que quiconque le tempérament de ses hommes. Il sait comment s'adresser à eux, comment leur parler, comment les décider, comment les convaincre d'aller au combat sans frémir. Jamais aucun militaire n'oserait lui tourner le dos ! La sanction serait si terrible qu'aucun Égyptien ne peut l'envisager.

– Je plains le malheureux qui oserait une telle traîtrise. Mais je pourrais peut-être partir avec lui...

– Accompagner l'expédition ? Tu n'y penses pas, Moutenejmet ! Aucune femme ne quittera Thèbes ! Repose-toi ici et prends ton mal en patience. Je serais prête à jurer devant les dieux qu'Horemheb reviendra plus vite que prévu.

Pendant l'absence de son mari, Moutenejmet surveilla les travaux faits à sa gloire. Sa tombe de Saqqarah avait été agrandie et ornée de nouvelles scènes. Les meilleurs sculpteurs et peintres avaient envahi les lieux. Horemheb avait choisi lui-même ceux qui avaient été formés à Akhetaton par le grand Thoutmès. Dans la tombe avait également été construit un temple de dimensions modestes entouré d'une cour à piliers. Une salle hypostyle où l'on voyait le général en action était la dernière pièce de cette tombe qui ressemblait plus à une demeure agréable à vivre qu'à un sombre sanctuaire.

Moutenejmet préférait un endroit clair et plaisant où

les membres de la famille royale viendraient rendre visite au chef des armées. Ils apporteraient là des offrandes et de la nourriture pour le défunt, chanteraient ou réciteraient des poèmes d'une voix susurrée qui charmerait Horemheb.

Pendant que son mari guerroyait, Moutenejmet avait décidé de se rendre à Memphis pour lui plaire et contrôler si les artisans avançaient le travail des murs de sa tombe. La reine avait proposé de l'accompagner afin de découvrir l'une des villes les plus importantes d'Égypte. Aÿ avait donné son accord.

– Horemheb est parti en campagne. Faisons-lui confiance. C'est le moment de mieux connaître ton pays. Tu n'as jamais visité le nord de l'Égypte. Quand Horemheb sera de retour, tu pourras te rendre en Nubie en toute sécurité.

Saisissant l'occasion de visiter d'autres régions que Thèbes, le roi et la reine préparèrent avec joie leur voyage. Maya avait pris soin de faire restaurer les bâtiments royaux de Memphis.

– Tu pourrais chasser et pêcher au Fayoum, dit Aÿ à Toutankhamon. En arrivant là-bas, tu comprendras pourquoi les anciens pharaons aimaient passer leurs loisirs dans les marais du Fayoum et dans le désert peuplé de gazelles, de lions et d'autruches.

– J'ai surtout hâte de voir les pyramides que les Égyptiens visitent avec curiosité. J'ai entendu tant de récits sur leur compte et sur les pharaons qui ont vécu il y a deux mille ans. Est-il concevable que le pharaon de ce pays n'ait jamais vu les sépultures de ses ancêtres ?

Pour la première fois depuis le départ de son époux pour la Nubie, Moutenejmet avait retrouvé le sourire. Elle avait l'impression de servir son mari et de lui être agréable. Le fait que le couple royal l'accompagnât la réjouit. Ce voyage fut un événement exceptionnel car les Égyptiens avaient perdu l'habitude de voir leur roi voyager.

– Le peuple sera flatté, expliqua Aÿ au roi. Descendez le Nil tranquillement sur votre bateau. Prenez le temps d'observer les rivages et de saluer la foule lorsque l'étroitesse du fleuve le permet. Soyez souriants et à l'écoute même si vous ne pourrez contenter tout le monde.

– Pourquoi ne viens-tu pas avec nous, Père divin ? demanda Ankhesenamon.

– Le chef de la police est resté à Akhetaton et surveille la ville avec une garnison. Il est normal que le palais de Malqatta soit également protégé.

– Meriptah est là ! Il s'est occupé de Malquatta pendant des années !

– Mais les temps ont changé. Vous habitez maintenant ici. Tous les courtisans et les fonctionnaires sont venus s'installer dans ce domaine. Malqatta est plus observé, plus convoité, plus exposé...

– Tu pourrais nous apprendre tant pendant ce voyage !

– Ankhesenamon, je vais vous laisser entre de bonnes mains. Nous referons ensemble ce parcours car nous nous rendrons régulièrement à Memphis. En ce moment, la situation est délicate. Je dois recevoir les messages d'Horemheb et aviser au fur et à mesure des événements. J'ai beaucoup de travail.

– Tu me manqueras, dit Ankhesenamon en lui tombant dans les bras. Prends bien soin de toi.

Aÿ jugeait les déplacements du nouveau pharaon indispensables et bienvenus. Au moment où le chef des armées imposait sa loi, le roi pouvait se montrer au bras de son épouse, le sourire aux lèvres et l'air triomphant. Tout le monde l'acclamerait.

– Accomplissez des rites avec les prêtres locaux, leur conseilla encore le Père divin. Si le Grand prêtre de Memphis souhaite honorer le dieu Ptah devant vous, proposez-lui de faire tous ces rites en sa compagnie. Tu en as le droit, Pharaon.

– Je n'y manquerai pas, Père Aÿ.

– Les Grands prêtres seront ainsi rassurés. Ils comprendront que tu n'as pas menti et que tu vénères tous les dieux égyptiens. À ton retour, tu devras songer à orner les colonnes du temple d'Amon qu'Aménophis III n'a pas eu le temps de faire achever. Akhenaton s'est bien gardé de terminer le travail d'Aménophis III. Et pourtant la salle serait tellement plus belle si les colonnes étaient décorées...

– Nous pourrions ajouter des scènes religieuses, des cortèges rappelant ceux de la fête d'Opet, des musiciennes, des chanteuses, des flûtistes, des acrobates... autant de symboles de ces fêtes religieuses que je veux multiplier.

– C'est une excellente idée. Profite de ton voyage à Memphis pour en parler au trésorier royal. J'espère qu'il te donnera un peu d'or pour réaliser ce travail !

– Je lui expliquerai l'importance de cette œuvre qui marquera l'esprit des Thébains.

La reine promit à Aÿ de surveiller le projet et d'aider son époux.

– Tu seras une excellente intermédiaire entre le peuple et le roi, lui dit Aÿ. Vous vous rendez souvent au temple ; vous parlez aux Égyptiens et aux prêtres ; vous répondez aux scribes et aux artistes qui vous interrogent sur les représentations qui orneront les murs. Vous attachez beaucoup d'importance aux rites, notamment à la fête d'Opet.

– Ne nous as-tu pas appris que nous devions oublier notre père et éviter de l'évoquer en public ?

– Hélas, oui. Il est normal que vous aimiez vos parents. Mais Akhenaton reste un très mauvais souvenir pour les Égyptiens.

– En poursuivant l'œuvre d'Aménophis III, Toutankhamon se rapprochera de ce pharaon et fera peut-être oublier nos liens avec Akhenaton.

Aÿ rougit légèrement.

– Tu as compris mes intentions, Ankhesenamon. Je m'en excuse auprès de la reine qui aime son père au-delà de la mort.

– Je sais, grand-père chéri, que toi aussi, tu adorais ta fille Néfertiti et que tu respectais son mari. Nous n'agissons pas comme nous le souhaiterions.

– Qu'en pense Toutankhamon ? Il était très rebelle à nos projets avant de venir à Thèbes...

– Toutankhamon adore son père Akhenaton.

– Prie-t-il encore Aton ?

– Oui.

– Se force-t-il à honorer les autres dieux ?

– Non. Il a adopté tous les rites égyptiens et il découvre avec joie, tout comme moi, les cérémonies religieuses qui nous étaient étrangères. Il est extrêmement curieux et apprécie l'accueil des Grands prêtres. Voilà pourquoi il a hâte de rencontrer celui de Memphis.

– Ce que tu m'apprends me rassure et est d'excellent augure. Il est naturel que Toutankhamon pleure encore son père et qu'il rende hommage au dieu solaire. Sa jeunesse a été bercée par Aton.

– Grand-père... ajouta Ankhesenamon, pourras-tu nous aider à proposer aux prêtres du petit temple d'Amon des représentations dignes du dieu thébain ?

– Je vais y réfléchir. Contentez-vous de convaincre Maya de l'importance de ces travaux. Il serait bon de décorer la salle hypostyle pour le déroulement de la fête d'Opet. Comme tu le sais maintenant, les barques d'Amon, de sa parèdre Mout et de leur fils Khonsou étaient sorties du temple de Karnak pour être transportées pendant les fêtes dans le *naos* du petit temple. Optons pour des ornementations gaies. Toutankhamon rendra hommage à Amon et à Mout. Il accompagnera leurs embarcations sur le fleuve. Il chantera au milieu des dieux sur le Nil. Il accomplira avec toi les rites habituels.

– Quand nous reviendrons, tu auras sans doute terminé tes esquisses et tes plans.

– J'ai des idées très arrêtées sur ces décors muraux, répondit Aÿ en souriant.

Ankhesenamon se rapprocha de lui et oublia qu'elle était reine. Elle lui demanda de la serrer contre lui comme lorsqu'elle était enfant.

– Tu vas nous manquer, Père divin, lui dit-elle en lui prenant chaleureusement les mains. Tu es si bon. Tu es indispensable. Que deviendrais-je sans toi ?

– Allons, reine, tu ne dois pas te conduire ainsi, même avec ton grand-père.

– Ne sommes-nous pas sans témoin ?

– Tu dois penser avant tout à Toutankhamon. C'est lui qui te protégera pendant toute ta vie. Je disparaîtrai bientôt.

– Ne parle pas ainsi ! Le roi a beaucoup d'occupations... Il a également de nombreuses femmes...

– L'une d'entre elles te ferait-elle de l'ombre ? Tu es très jeune pour te soucier de ces princesses ou épouses secondaires sans intérêt.

– Hélas, le roi se laisse parfois séduire...

– Défends ta place !

– Je le fais.

La reine venait de penser que Nuweiba se trouvait dans le harem d'Akhetaton. Le couple royal y ferait étape avant de prendre la direction de Memphis. « Pendant les quelques jours que nous passerons à Akhetaton, je dois être vigilante. Je serai si amoureuse que j'endormirai le roi par des caresses et des mots tendres. Il ne songera pas un instant à me quitter. Je dois y penser dès maintenant. » Aÿ remarqua sa distraction.

– Le roi t'aurait-il fait de la peine ?

– Non, grand-père. Mais les jeunes hommes sont si faibles...

– Crois-tu que ce soit l'apanage de la jeunesse ?

Aÿ caressa les cheveux d'Ankhesenamon et l'embrassa sur le front.

– Majesté, un voyage vous attend ! N'avez-vous pas de préparatifs à faire ?

Ils éclatèrent de rire et appelèrent les servantes.

Dix-neuvième partie

XI

La perspective d'organiser à leur retour une fête d'Opet extraordinaire réjouit d'avance le couple royal qui embarqua quelques jours plus tard pour Memphis. Le messager d'Horemheb venait juste d'apprendre à sa famille qu'il achevait sa mission aux côtés du vice-roi de Koush et que celui-ci avait grandement facilité son action.

– Il faudra que tu récompenses une nouvelle fois cet homme, suggéra Ankhesenamon qui lui en voulait toujours d'avoir offert au roi une magnifique princesse nubienne.

Très préoccupé par le bien-être et le bonheur du couple, la Supérieure du harem de Malqatta avait envoyé, elle aussi, un messager à son homologue d'Akhetaton pour lui faire part de l'arrivée imminente de Toutankhamon. « Nuweiba restera enfermée dans sa chambre pendant ce court séjour. Je suis sûre qu'elle aura une indigestion et qu'elle supportera avec peine les plats de la veille. Je compte sur toi. »

Toutankhamon, qui ne s'était rendu que deux fois dans son harem de Malqatta depuis la nuit qu'il avait passée avec Nuweiba et qui, enivré, très entouré, comblé, n'avait pas pris garde à son absence, ne savait toujours pas que la princesse habitait désormais à Akhetaton. En revanche, Nuweiba, qui avait compris les manœuvres de la sœur de Houy mais qui n'avait pu l'empêcher d'agir, comptait bien profiter de la visite du roi, dont elle avait été immédiatement informée, pour le supplier de la ramener à Thèbes. Depuis son arrivée dans la ville nouvelle, elle s'ennuyait et ne cessait de songer au roi pour qui elle ressentait d'étranges sentiments. Toutefois, le responsable du harem, qui avait reçu des directives très strictes de la sœur d'Houy, restait évasif sur les dates d'arrivée du couple royal à Akhetaton.

– Le roi ne me rend pas de comptes.

– Mais ses femmes doivent s'apprêter s'il fait étape là-bas ! Nous devons le savoir.

– Rien ne laisse entendre que ses bateaux s'arrêteront à Akhetaton. Il va à Memphis. S'il prend du retard, il ne couchera peut-être ici qu'une nuit...

« Une nuit suffira... se disait Nuweiba. Personne ne m'empêchera de voir Toutankhamon. Nous nous retrouverons. »

Malgré les efforts d'Ankhesenamon pour éviter une étape à Akhetaton, Toutankhamon se réjouissait tant de revoir cette ville et d'aller honorer ses parents que rien n'aurait différé ce séjour, essentiel à ses yeux.

– Rien ne nous presse, dit-il à la reine. Je ne comprends pas tes réticences. Nous ressentons tous les deux de la nostalgie en pensant à nos parents et à Akhetaton. Tu devrais être ravie d'y revenir.

Pendant tout le parcours de Thèbes à Akhetaton, le roi plaisanta, but beaucoup et mangea de bon cœur. Leur voyage ressemblait plus à une croisière d'agrément qu'à une obligation professionnelle.

– Je vais donner ce message d'Aÿ à Maou. Je dois également tenter de décider les anciens messagers d'Akhenaton à venir vivre à Thèbes. Ils pourraient m'apprendre bien des astuces sur nos ennemis. Tel est du moins l'avis de ton grand-père. J'espère que Thoutmès est enfin prêt à nous rejoindre. Son atelier l'attend à Malqatta. S'il le voyait, il irait tout de suite travailler là-bas. Thoutmès était prêt à partir avant nous tous. Mais, aujourd'hui, il s'attarde dans son atelier d'Akhetaton alors que nous avons besoin de lui. Il est bien difficile de comprendre les artistes !

– Mon roi bien-aimé, lui disait Ankhesenamon, ce voyage me fatigue. J'ai mal au cœur. Peut-être suis-je enceinte... Je préférerais l'abréger et arriver le plus vite possible à Memphis.

– Cette étape à Akhetaton te fera le plus grand bien ! Tu es pâle et tu parles peu depuis notre départ. D'habitude, je te trouve plus enthousiaste. Que se passe-t-il ? Tu dois, toi aussi, apporter des offrandes à Akhenaton et à Néfertiti. Laisserais-tu tes sœurs défuntes sans cadeaux ? Plusieurs jours nous seront nécessaires pour nous rendre dans la nécropole et pour superviser le travail des fonctionnaires et de la police.

– N'as-tu prévu aucun festin ?

– Non. Mais je suis sûr que nous serons bien accueillis. Aucun étranger ne sait que nous faisons étape à Akhetaton. Nous serons tranquilles. Je veux, cependant, m'assurer que les tombes sont en bon état et qu'elles sont surveillées, que le palais est entretenu, que le harem est bien rempli et que les policiers ne passent pas leur temps à dormir sur leur lance.

Ankhesenamon frémit en entendant le mot « harem ». Quand ils habitaient à Akhetaton, le roi n'avait jamais rendu visite à ses femmes. Mais il avait grandi et ses préoccupations avaient changé. « Dois-je lui dire que je me suis occupée de ce harem avec la sœur d'Houy qu'il apprécie tant ? » Elle hésita. « S'il l'apprend, le roi voudra peut-être y aller alors qu'il n'y pensera plus sur place. Je dois à tout prix éviter une rencontre avec Nuweiba. » Puis elle finit par se convaincre que ces démarches n'étaient pas indispensables, que Nuweiba n'était qu'une princesse et que le roi l'avait vite oubliée. « Il ne l'a pas revue depuis des semaines et je ne crois pas qu'il l'ait une seule fois réclamée ! »

La nourrice Maïa avait accompagné le couple. Très complice avec Moutenejmet, elle écoutait la femme d'Horemheb imaginer les murs de la tombe de son époux. Celle-ci avait caché d'autres souhaits à la reine. Comme elles étaient toutes deux accoudées sur le rebord du bateau royal, Moutenejmet lui fit des confidences en regardant le fil de l'eau.

– Je suis heureuse de m'occuper de la tombe de mon mari mais je veux aussi penser à la mienne...

– Tout le monde sait que tu désires être enterrée à Saqqarah. Tu ne l'as jamais caché à quiconque. Néfertiti s'en était même étonnée.

– Je sais. Mais, depuis des mois, le chantier est déserté. Mon sanctuaire ne s'améliore pas. Il faut tout aménager, tout inventer, tout créer.

– Et tu as sans doute des idées à ce sujet...

– Oui. Je veux être représentée dans cette tombe aux côtés de ma famille et de mon cher Horemheb. Comme je vieillis, je souhaiterais que ma tombe soit achevée avant mon décès. En vérité, je voudrais que les deux tombes soient terminées. Lorsque les sanctuaires restent inachevées, je les trouve tristes. Quand il ne vient pas à l'idée d'un membre de la famille de choisir une autre sépulture !

Les deux femmes étaient habillées sagement d'une

tunique longue à peine transparente qui leur arrivait aux chevilles. Elles portaient un petit sac en peau noué autour de leur poignet. Moutenejmet avait gardé son miroir à la main. Elle tapotait sur le bras de Maïa tout en ponctuant ses phrases. Sans perruque, les cheveux noués par des rubans, elles s'étaient laissé maquiller avec soin. Moutenejmet évitait, à cause de son âge, le rouge à lèvres trop écarlate et les traits de khôl trop épais. Mais elles avaient toutes les deux beaucoup d'élégance et de distinction.

– Puisque tu me fais des confidences, Moutenejmet, murmura Maïa. Sache que, moi aussi, je souhaite faire orner ma tombe de Saqqarah. Nous serons tous voisins dans l'Au-Delà !

– Tu vas donc te rendre dans la nécropole ?

– Oui. Je t'y accompagnerai volontiers.

– Dans ce cas, tu me donneras ton avis car il est juste et précieux.

– Sais-tu, Moutenejmet, combien de jours le couple royal souhaite rester à Memphis ?

Les deux femmes se retournèrent vers Toutankhamon qui se laissait choyer par son épouse et qui écoutait sous le dais rouge et bleu des poèmes de son père. Les porte-éventails somnolaient presque en agitant leurs longues plumes d'autruche. La reine paraissait lasse et pensive.

– Tout dépend d'Ankhesenamon, répondit Moutenejmet. Je ne comprends pas son humeur. Elle était si contente de partir ! Quand son mari lui a annoncé qu'il s'attarderait plusieurs jours à Akhetaton, elle a tout fait pour l'en dissuader. Elle est même venue me trouver pour me convaincre de lui parler.

– La reine a agi de la même façon avec moi. Que peut-on conclure de cette attitude ? Elle devrait être heureuse de rendre hommage à ses parents. À sa place, je serais très émue de revoir mon palais !

– Je le suis sans être la reine. J'avoue que ce voyage me touche beaucoup.

Maïa et Moutenejmet, qui connaissaient parfaitement les deux adolescents, étaient très surprises par les absences et les silences d'Ankhesenamon.

– Je crois savoir ce qui la trouble ainsi, dit Maïa. Elle voulait peut-être emmener sa fille avec elle. Mais celle-ci est encore trop petite. Elle aurait été très fatiguée par ce voyage qui ne lui aurait rien apporté.

– Tu as raison. J'avais oublié que la reine n'aimait pas être séparée de sa fille depuis qu'elle a failli la perdre.

– Nous pourrions la distraire. Toutankhamon aimerait la voir sourire. Faisons en sorte que cette croisière leur soit agréable.

– Je n'ai jamais vu le roi aussi enthousiaste.

– Nous arriverons à Akhetaton dès demain. Si nous avançons à la même allure, nous devrions accoster à l'aube. Je veux être à cette place dès le lever du soleil ! Revoir les murs du palais, les jardins en terrasses, le cirque rocheux où sont enterrés tant d'être chers à mon cœur m'enchante. Je serai incapable de fermer les yeux avant notre arrivée, dit Moutenejmet en prenant familièrement le bras de Maïa.

La nourrice était très flattée par de telles marques d'affection dont seule était capable la très populaire Moutenejmet. Maïa lui souhaita Vie, Santé, Force et bonheur pour l'éternité.

– Tu connais le roi mieux que personne, Maïa, ajouta la femme d'Horemheb. Crois-tu qu'il est heureux avec Ankhesenamon que je chéris comme ma fille ?

– Bien sûr ! Grande parmi les grandes ! Ankhesenamon est une reine idéale. Ils s'aiment depuis longtemps et je suis convaincue que les dieux les ont rapprochés pour le bonheur de l'Égypte ! Pourquoi me poses-tu cette question ?

– En regardant l'air attristé de ma chère Ankhesenamon, je me souvenais de celui de sa mère Néfertiti lorsqu'elle pensait aux tête-à-tête de son époux avec la mère de Toutankhamon. Kiya a rendu Néfertiti bien malheureuse !

– Tu as raison. Ankhesenamon semble tellement mélancolique ! Elle paraît très contrariée.

– Peut-être est-ce à cause de sa fille mais je devine une autre cause à sa tristesse. Elle devrait sauter de joie comme Toutankhamon ! Quel merveilleux voyage à la découverte de son pays et de son peuple ! Elle est chérie, acclamée, entourée ! Elle sera demain dans la ville qui l'a vue naître ! Elle pourra se rendre dans les tombes de ses parents !

– Je connais moins bien la reine que Toutankhamon. Je peux, cependant, t'affirmer que le roi ne serait pas aussi heureux si sa femme avait un problème grave.

– À quoi penses-tu ?

– À une maladie, à la peste qui a ravagé notre pays.

Elles se regardèrent une nouvelle fois.

– Ankhesenamon serait-elle enceinte et ce voyage la fatiguerait-elle ? demanda Maïa.

– Elle s'est plainte de nausées. Elle voulait gagner Memphis le plus rapidement possible pour en terminer avec cette croisière

– Si la reine attendait un enfant, Toutankhamon m'aurait tenue au courant. Il ne me cache rien...

– Allons, Maïa, il est devenu roi et il a grandi. Il doit bien avoir ses secrets. Te parle-t-il des femmes qu'il fréquente et de ses visites au harem ?

Maïa rougit légèrement.

– À ce sujet, j'en sais moins que la sœur d'Houy !

– Et plus le temps passera, moins tu devineras ce jeune homme.

– Je comprendrai toujours son caractère. J'anticiperai ses désirs. Je lui faciliterai la vie. Je l'écouterai quand il sera déçu ou triste.

– Le pouvoir apporte son lot de solitude.

– Je serai toujours là ! Si la reine attendait un enfant, je serais la première à l'apprendre. Je suis prête à le jurer devant tous les dieux réunis !

– Je te fais confiance.

Elles soupirèrent ensemble et réfléchirent en regardant le rivage monotone et pelé défiler devant leurs yeux hagards.

– Me confieras-tu aussitôt ce que le roi t'aura dit si cette merveilleuse nouvelle arrive un jour ?

– S'il le souhaite. Je ne trahis jamais ses secrets ni sa confiance. Il voudra annoncer l'événement lui-même à la cour et au peuple.

« Ma nièce m'aurait mise au courant d'une grossesse, surtout avant ce voyage long et parfois pénible sous la chaleur, se dit Moutenejmet. Je suis la seule à qui elle se confierait sans retenue et sans arrière-pensée. Cet air morose me contrarie. Que cache-t-il ? Dois-je en parler avec elle ? »

Ne cherchant plus que l'opportunité de lui adresser discrètement la parole, Moutenejmet se rapprocha du couple et trouva des prétextes pour distraire Ankhesenamon. Cette attitude fit sourire Maïa qui se prêta au jeu.

– Allons ! dit la nourrice à Toutankhamon, tu étourdis la reine avec tes éclats de rire et tes histoires drôles !

– Préférerais-tu que je pleure ?

– Certes non, Horus d'or, mais ton épouse semble très lasse. Nous le sommes tous car le temps est très chaud alors qu'en cette saison, nous naviguons d'ordinaire au frais.

– Viens Ankhesenamon, ajouta Moutenejmet. Nous allons boire une coupe d'eau ensemble à l'arrière du bateau. Des poissons suivent le sillon de l'embarcation et sautent parfois hors du fleuve. C'est un plaisir de s'y asseoir au lieu de rester au centre sous le dais. Tu auras plus d'air. Je vais demander à ce marin d'installer deux chaises...

Mais la reine préférait rester à l'abri du soleil. Aussi déclina-t-elle l'offre de Moutenejmet qui s'inquiéta réellement. Jamais sa nièce ne refusait une discussion en tête à tête avec elle.

XII

Lorsque Ankhesenamon distingua au loin le rivage d'Akhetaton, son visage pâlit. Elle rejoignit Moutenejmet dont les yeux brillaient.

– Je suis comblée de revenir ici, lui dit-elle. Je préfère pourtant Thèbes et ses habitants mais j'avoue prendre plaisir à faire étape dans ce palais. Tu es bien silencieuse depuis notre départ... J'ai essayé de t'en parler hier mais tu ne m'as pas répondu.

– Hélas, ma tante, j'aurais aimé voir disparaître à tout jamais la ville d'Akhetaton...

– Que dis-tu ? Je ne te reconnais plus !

– J'y ai une rivale. Prie les dieux pour qu'on y reste le moins longtemps possible. J'ai hâte d'arriver à Memphis où je ne redoute rien.

– Voilà donc la raison de ton angoisse. Je croyais que tu étais souffrante et que tu attendais un autre enfant !

– Pas que je sache, répondit Ankhesenamon en souriant tristement. Voilà ! Nous y sommes. Les rares habitants qui sont encore ici nous acclament. Il va falloir descendre...

– Ankhesenamon, tu aurais dû me parler bien avant. Je t'aurais remonté le moral. Je pense, en effet, que personne ne peut rivaliser avec toi.

– Tu es bonne et tu m'aimes. Ton discours cherche à me plaire.

– Absolument pas ! Je suis très objective. Je sais que Toutankhamon t'adore et que tu es la femme qu'il lui faut. Ne te compare jamais avec des femmes secondaires sans importance.

– Quand le roi les préfère à la Grande Épouse, je suis obligée de répliquer ou de trouver une solution.

– Tu m'inquiètes, ma nièce. Qu'as-tu fait ?

– Oh rien de répréhensible, répondit Ankhesenamon. J'ai seulement éloigné de Thèbes quelques femmes dangereuses et ambitieuses, trop fières et trop sûres d'elle.

– Tu as bien fait. Toutes les Épouses royales agissent ainsi.

– Tu m'approuves donc...

– Bien entendu ! Tu te fais probablement des idées car Toutankhamon est très amoureux de toi et il est loin d'être lassé par ta présence. Toutefois, si tu as senti un danger, mieux vaut prévenir que guérir. J'approuve ta prudence.

– Je suis si heureuse de t'entendre parler ainsi ! Je me sentais ridicule.

– Reprends confiance en toi ! Une femme ne séduit que lorsqu'elle s'aime et s'apprécie elle-même. Tu connais ton charme et ton pouvoir sur les hommes.

Ankhesenamon se mit enfin à rire.

– Heureusement que tu nous as accompagnés ! J'aurai peut-être besoin de ton soutien.

Moutenejmet se tourna vers Toutankhamon qui donnait ses ordres avec entrain.

– Le roi est très occupé. Il le sera pendant notre court séjour.

– Il a promis de se libérer pour moi.

– Si tu as besoin de mon aide, je serai là. Si une rivale

ose t'affronter, elle aura affaire à moi personnellement. Je lui ferai la leçon !

– J'espère que Toutankhamon ne fuira pas ma couche et qu'il me tiendra compagnie chaque nuit. Si j'apprenais que ma rivale nubienne osait s'approcher de lui pour le séduire, je t'en parlerai.

– Nous serons alors deux à agir !

– Merci. Je me sens mieux.

Ankhesenamon rejoignit son époux et agita ses mains vers les fonctionnaires qui avaient préparé une grande fête pour les recevoir. Thoutmès fut le premier à les saluer.

– J'espère que tu as préparé tes bagages, lui dit la reine, car tu vas nous accompagner pendant tout notre voyage. J'ai besoin de toi. Aÿ m'a demandé de te ramener à Thèbes.

Les yeux du sculpteur lancèrent des éclairs noirs.

– J'ai décidé d'aller habiter avec le roi, répondit-il. Mes malles sont prêtes depuis longtemps. J'avais seulement quelques détails à régler ici.

– La police surveille la tombe de Néfertiti. Tu n'as pas besoin d'être présent.

– J'avoue que je me séparerai à regret de cette reine magnifique. J'allais chaque jour lui apporter des offrandes.

– Elle sait que Toutankhamon a besoin de toi.

– J'en ai conscience. J'ai pris connaissance du programme de restauration que vous avez conçu. Je sais aussi que vous voulez réaliser de nombreuses statues à la gloire de la famille royale...

– Nous avons commencé mais les sculptures ne seront jamais aussi réussies que les tiennes. Tu es rapide, efficace et talentueux. Accepteras-tu d'honorer Amon et Pharaon ?

– Je suis à tes ordres, répondit Thoutmès en se courbant devant elle.

Ankhesenamon le remercia d'un sourire.

– Sa Majesté ressemble de plus en plus à la reine sa mère, osa Thoutmès.

– Je n'ai ni son port ni sa grâce.

– Mais ta réputation de bonté et de sagesse a précédé ton arrivée. Il m'est aussi agréable de sculpter l'âme d'une reine que ses traits. En ce qui te concerne, ton esprit égale ton physique agréable.

– Tu n'es habituellement guère flatteur, Thoutmès. Je prends donc tes remarques comme de précieux compliments et je t'en remercie.

Mais derrière Thoutmès avançait déjà le chef du harem. Ankhesenamon retint sa respiration. Elle regarda s'il était venu accompagné. Le roi le salua et passa en revue ses fonctionnaires sagement alignés, le nez dans la poussière.

– Peut-on aller au palais ? demanda la reine. Je voudrais me reposer.

– Notre char nous attend ! dit le roi.

Moutenejmet et Maïa montèrent dans le deuxième char. Les musiciens accueillirent leur souverain comme il se devait. Les chanteuses et les acrobates s'exécutèrent.

– Au palais ! dit le roi au cocher.

– J'aimerais que nous profitions de cette journée pour nous rendre dans la nécropole, suggéra la reine à son mari.

– Tes désirs sont des ordres. Je vais, cependant, passer la matinée à écouter les rapports des policiers.

– Partons à la mi-journée. Je me reposerai pendant que tu entendras Maou.

– C'est une bonne idée. Je vais faire débarquer des offrandes et donner des ordres.

– Je dois aussi te parler en privé ce soir et...

– Rien de plus facile. Nous ne recevons aucun ambassadeur. Nous prendrons un repas rapide. Retrouvons-nous dans notre ancienne chambre et profitons de ces moments de bonheur.

– Rien n'a changé, remarqua Ankhesenamon.

– Et pourtant tout est différent. Les monts, les maisons, les jardins, les rues sont là. Mais il règne ici un calme angoissant.

– Les habitants ne cachent pourtant pas leur joie de nous retrouver !

– Leurs rires, leurs acclamations, leurs vivats sont peu nombreux ! Te souviens-tu de leurs manifestations sous Akhenaton ?

– Il est vrai que la vie doit être triste ici. La plupart des maisons sont désertées.

– Ce sera pire dans quelques mois lorsque tout le monde aura quitté la ville. Il faudrait venir ici plus souvent et organiser des fêtes...

– Quelle étrange idée ! rétorqua aussitôt Ankhesenamon.

– Est-ce bien la reine que j'entends ? Celle qui ne voulait partir à aucun prix, celle qui me faisait promettre de l'accompagner partout où elle irait, celle qui a pleuré sa mère pendant des mois ?

– En réalité, Toutankhamon, je suis persuadée que Aÿ sera farouchement opposé à ce projet.

– Est-ce lui qui parle ou toi ?

– Si tu organises des fêtes ici, tout le monde pensera que c'est en l'honneur d'Aton. Les prêtres de Karnak, difficiles à amadouer, seront de nouveau hostiles au roi.

Avons-nous fait tous ces efforts pour détruire notre travail ?

Toutankhamon la regarda étrangement.

– Tu as raison. Et pourtant, j'ai l'impression que ce n'est pas Aÿ qui parle mais bien la reine. Pourquoi insistes-tu tant ?

– Toutankhamon, je ne veux que notre bonheur.

– Je le sais. Mais je te trouve bizarre depuis notre départ.

– Allons, cesse de faire de mauvais choix ! Change-toi, va retrouver les policiers et partons pour la nécropole !

Toutankhamon passa beaucoup de temps à écouter ses fonctionnaires. Rassuré et confiant, il se rendit ensuite dans la nécropole avec une grande émotion. Quand ils rentrèrent au palais, la nuit tombait déjà. De son côté, Nuweiba avait assisté de loin à l'arrivée du couple royal. Elle avait suivi de sa fenêtre le départ du roi pour les tombes et l'attendait avec impatience.

– Tu n'as rien mangé depuis hier, lui fit remarquer le responsable du harem qui aurait bien voulu exécuter les prières de la sœur d'Houy.

– Je n'ai vraiment pas faim. J'ai hâte de rencontrer le roi !

– Toutankhamon ne nous a pas dit qu'il viendrait au harem.

– Il nous rendra visite, j'en suis sûre !

– Ne sois pas présomptueuse, Nuweiba. Cesse de croire que le roi s'intéresse à toi.

– Je n'ai pas cette prétention. Qui a pu te faire croire cela ?

Le responsable haussa les épaules.

– Toutes les épouses secondaires en sont persuadées.

Nuweiba entendit de loin le bruit des chars qui revenaient de la nécropole. « Je dois tromper l'attention de ce gardien et réussir à me retrouver en présence du roi. » Elle ne savait, toutefois, comment procéder. Elle n'avait pas le droit de sortir du harem. Aussi inventa-t-elle un stratagème. Elle se coucha et prétexta une grande fatigue.

– Je vais faire venir le médecin, lui proposa le responsable des lieux.

– Non. Je préfère dormir. Quand je me serai reposée, je mangerai un peu.

Aucune décision ne pouvait mieux convenir au chef qui s'empressa auprès de Nuweiba.

– Je vais faire appeler des servantes. Elles t'apporteront tout ce que tu souhaites.

– Non... Je veux être seule. Je ne vais pas tarder à m'endormir.

– Comme tu voudras, répondit le responsable en s'éclipsant.

Dès qu'il fut parti, Nuweiba entrouvrit le rideau qui séparait son alcôve de la pièce principale.

– Il n'y a personne. Je peux sans doute y aller...

Mais, au moment où elle voulut se glisser dans la cour centrale agrémentée d'un petit jardin, un garde revenait devant sa porte.

– S'il se poste là, je ne pourrai plus rien faire. Je dois me cacher dans l'encadrement de la porte voisine aussi vite que possible.

Le garde était, cependant, très proche et l'encadrement ne constituait pas une bonne cachette.

– Le roi revient ! lui cria un collègue.

– Je sais mais je ne dois pas bouger d'ici.

– Prends au moins ta lance ! Si le roi fait une inspection avec Maou et qu'il constate que tu n'as pas tes armes, tu iras au cachot.

Le garde revint sur ses pas. Nuweiba en profita pour se précipiter dans le jardin. Elle se cacha derrière un buisson.

– S'il vérifie que je suis bien dans ma chambre, mon plan échouera.

Mais le garde se contenta de se placer devant la porte et de s'appuyer contre le mur en tenant mollement sa lance. La perspective de rester debout, seul, pendant toute une nuit, ne lui plaisait guère.

Nuweiba se trouvait juste en face de lui. Elle écarta légèrement une branche. « Il ne bougera plus, se dit-elle. Comment vais-je échapper à sa vigilance ? » Elle rampa légèrement en arrière et laissa les feuilles se refermer devant elle. Elle se glissa derrière le palmier et progressa ainsi jusqu'à l'autre côté. Puis elle passa de colonne en colonne tout autour de la cour et réussit à emprunter le couloir qui conduisait à la sortie. Elle entendit alors la voix du responsable qui revenait.

XIII

– Où vais-je me cacher ? se demanda Nuweiba, inquiète.

Mais elle eut la surprise d'entendre alors la voix fluette de Toutankhamon.

– Le roi vient par ici !

Le responsable lui faisait visiter le harem.

– Soixante princesses se trouvent ici, lui expliquait-il.

– D'où viennent-elles ?

– De Libye, de Nubie, d'Asie.

– Sont-elles belles ou vieilles et laides ?

– Elles sont assez belles, Horus d'or. Certaines le sont même beaucoup.

– Je ne comprends pas qu'elles ne se trouvent pas dans mon harem thébain...

– Maître, les plus belles femmes sont à Thèbes. Mais il y a ici quelques beautés jeunes et séduisantes qui ont parfois fait le voyage de Thèbes à Akhetaton...

– N'était-ce pas normal lorsque Akhenaton régnait dans cette ville ?

– Mais ces femmes sont arrivées récemment... Je crois que la sœur d'Houy a fait un choix...

– En effet. Nous en avions parlé afin que mes harems

soient tous agréables et bien remplis. Je vais beaucoup voyager pendant mon règne.

Toutankhamon hésita à poursuivre.

– Comme tu le vois, je reviens de la nécropole crotté et poussiéreux. Je vais aller me rafraîchir. Lorsque j'aurai pris mon dîner, je reviendrai peut-être ici...

Sentant que le moment était venu d'intervenir, Nuweiba sortit de l'ombre et se précipita aux pieds du roi devant le regard stupéfait du chef de harem.

– Nuweiba ! Que fais-tu ici ? demanda le roi en regardant la tenue de la jeune femme peu digne de son habituelle élégance.

La princesse frotta sa tunique et fit tomber la poussière et la terre qui étaient restées collées aux longs plis de son vêtement.

– J'attends ta réponse, insista Toutankhamon. Nous n'avons emmené aucune femme du harem thébain. Comment es-tu venue jusqu'ici ? Aurais-tu embarqué dans l'un des bateaux à notre insu ?

– Les navires qui t'accompagnaient étaient très nombreux, maître, dit Nuweiba en saluant le roi. Mais j'ai quitté Thèbes il y a des semaines...

– Et qui t'en a donné l'autorisation ?

– Seigneur des deux pays, j'obéis aux ordres...

– Mais je n'en ai donné aucun en ce qui te concerne.

– J'ai cru comprendre que le vénérable Toutankhamon ne m'appréciait guère et que je devais quitter le palais.

– Qui t'a raconté cela ?

– Personne. Mais j'en ai conclu que l'Horus d'or n'avait guère apprécié nos...

Nuweiba s'interrompit devant le chef du harem.

– Je ne comprends rien à tout cela ! Crois bien que je n'ai jamais voulu ton départ. Tu vas me raconter

La tombe d'Horemheb, chef des armées, l'un des deux personnages les plus importants de l'État sous Toutankhamon (site fermé au public).

L'île Éléphantine avec les temples de Khnoum et de Satet et la région de Ouaouat, alliée de Toutankhamon.

L'entrée du sanctuaire d'Amon au Djeser Djeserou (Thèbes Ouest) où Toutankhamon a rétabli les rites en l'honneur d'Amon (site fermé au public).

Toutankhamon et Ankhesenamon dans le temple de Louxor.

Le temple d'Abydos où Toutankhamon rétablit le culte en l'honneur d'Osiris.

L'Oseireion. Les rites osiriaques, abandonnés sous Akhenaton,
furent remis en place par Toutankhamon.

Toutankhamon (pièce du trésor royal).

Bateau de Toutankhamon (pièce du trésor).

Rare représentation de Toutankhamon en sphinx.

La vache sacrée (pièce du trésor).

Le grand-père (ou le père ?) de Toutankhamon.

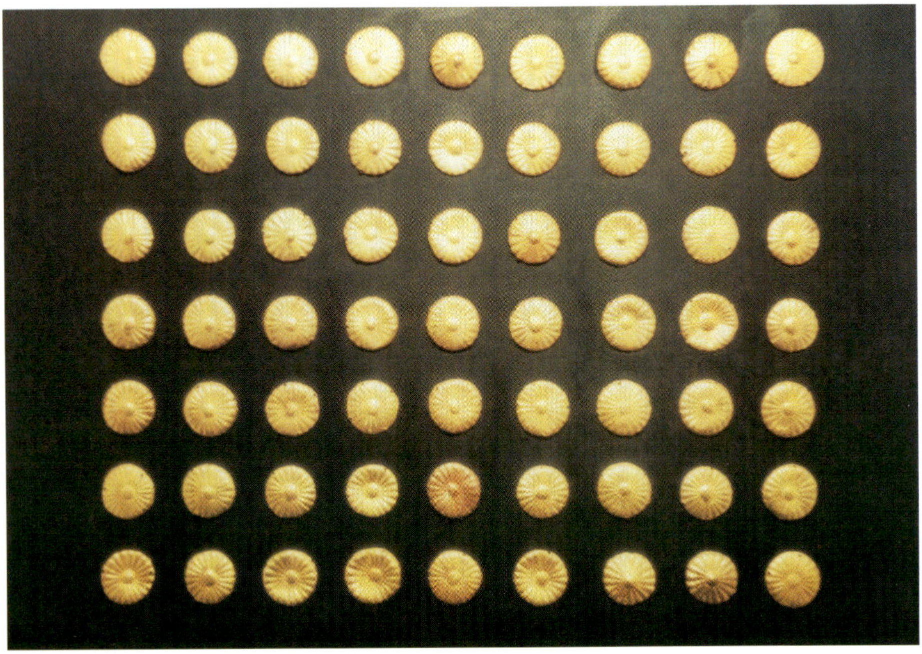

Linceul de Toutankhamon (pièce du trésor).

Toutankhamon à Karnak.

Reposoir de Toutankhamon sur lequel le roi posait sa tête pour dormir (trésor royal).

Violaine Vanoyeke déchiffre
les extraits du « Livre des morts ».

Toutankhamon (pièce du trésor).

Toutankhamon portant Hathor (pièce du trésor).

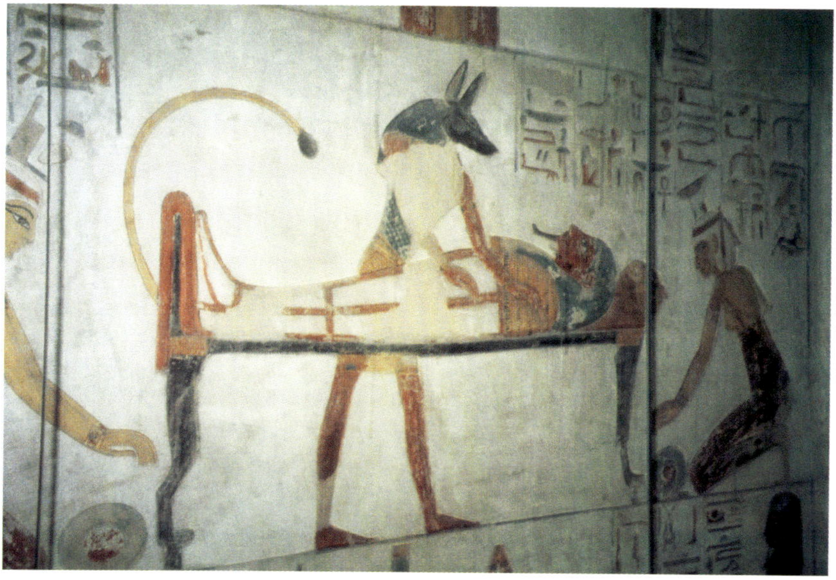

Le dieu Anubis auprès de la momie royale.

Un prêtre pur accomplit les rites
au moment de l'enterrement
(Deir el Medineh).

Détail du bouclier de Toutankhamon
représentant les Nubiens vaincus par
les Égyptiens (pièce du trésor royal).

Amon-Min honoré par
Toutankhamon et Horemheb
(Louxor).

Un artisan du Village des ouvriers
qui retrouve toute son activité lorsque
Toutankhamon revient vivre à Thèbes
(Deir el Medineh).

Le temple d'Abydos...

Célèbre femme d'artisan de la Vallée des Rois (Deir el Medineh).

L'île Éléphantine.

quand et pourquoi tu es partie. Où se trouve ta chambre ?

– Elle est là, maître, dit Nuweiba en se retournant et en tendant le bras.

– Elle doit être petite comme toutes les autres...

Le chef du harem approuva de la tête.

– Nous allons donc choisir un autre endroit pour nos retrouvailles.

– Je propose au roi la grande chambre rose.

– Très bien. Nuweiba, prépare-toi et viens m'y retrouver dans quelques instants.

N'en croyant pas ses oreilles, la princesse nubienne se précipita vers sa chambre.

– Allons ! dit-elle au chef du harem, fais vite venir les suivantes. Je dois me baigner, me frictionner, me parfumer, me peigner, me couvrir de bijoux.

– Le roi ne t'a pas choisie pour la nuit. Il veut seulement te parler. Inutile de t'apprêter...

– Que se passe-t-il, vénérable chef ? Tu devrais être content que le roi choisisse l'une des femmes de ton harem. Je ne comprends pas ta réaction.

Le responsable lui tourna le dos et haussa les épaules. Il renonçait à s'opposer à ses projets.

Nuweiba se mit à chantonner en s'activant. Elle avait tellement hâte de retrouver le pharaon qu'elle choisit rapidement une toilette et une coiffure.

– Vite ! Vite ! dit-elle à ses servantes. Il faut me laver avec une eau parfumée, m'appliquer des onguents... Donnez-moi un miroir ! Mais où se trouve le mien ?

Elle s'empara nerveusement d'un miroir dont le manche représentait la tête d'Hathor.

– Je suis laide. Mes cheveux sont poussiéreux et pleins de terre ! Je me suis écorchée en rampant dans le jardin. Par Horus ! Quand je pense que Toutankhamon m'a vue ainsi alors qu'il avait de moi une image parfaite ! Il faut rattraper cette erreur !

– Que veux-tu, maîtresse ? demanda l'une des servantes.

– Apportez des brocs. Je vais me laver et me parfumer. Mon corps doit sentir les fleurs. Mes cheveux aussi. Tout doit être parfait.

– Je n'aurai pas le temps de préparer des masques...

– Je m'en doute. Ils ne feraient pas leur effet. Mais je n'ai pas besoin d'eux.

Elle donna ses ordres, pressa les femmes qui l'entouraient, choisit elle-même les parfums qu'elle voulait en humant dans les pots d'albâtre les mélanges les plus forts. Elle faisait couler sur son corps des senteurs extrêmement rares qui avaient été achetées très cher à des marchands d'Asie.

– Ne lésinez pas ! Venez me coiffer dans la chambre.

Elle s'assit, reprit son miroir, demanda aux coiffeuses de relever ses cheveux après les avoir brossés énergiquement.

– Tirez ! Ils sont emmêlés ! Il faudrait les laver...

– Ce serait trop long, maîtresse...

– Brossez ! Brossez ! N'hésitez pas à tirer plus fort.

Elle ouvrit un petit coffre en ébène, prit plusieurs épingles et les tendit à la coiffeuse.

– C'est bien ! Prends ces rubans et ces épingles et fais-moi une coiffure distinguée. Attends ! Applique auparavant ces onguents.

– Veux-tu des cônes parfumés ?

– Non. Ils me gêneraient. Je préfère m'inonder de parfum. La tunique...

Elle se leva, tourna sur elle-même.

– Je la veux très transparente. Il faut que mon corps apparaisse totalement sous ce voile.

Les servantes étalèrent plusieurs robes sur le lit.

Nuweiba ne semblait pas satisfaite. Elle les prenait, tâtait le tissu, passait sa main sous l'étoffe.

– Elles sont toutes trop épaisses.

– Mais elles sont transparentes ! Il n'existe pas de lin plus fin que celui-ci ! On dirait de la dentelle. Le moindre accroc déchirerait l'ensemble de la tunique !

– Va aux ateliers ! J'ai commandé trois nouvelles robes moulantes et magnifiques pour l'arrivée du roi. Vois si elles sont prêtes.

– Mais je vais perdre beaucoup de temps !

– Écoute-moi. Le pharaon ne regrettera pas d'avoir attendu. Cours aussi vite que possible et si l'une de ces tuniques est prête prends-là tout de suite. Les tailleurs savent ce que je souhaite. Le roi sera comblé. Ces robes laissent les épaules découvertes dans un joli décolleté souple et plissé. Une fleur réunit les plis sous la poitrine laissant deviner le bout de mes seins que je vais peindre en rose. La tunique se porte fendue sur le devant du corps. Le roi pourra ainsi contempler mes hanches et mes jambes.

La servante sortit précipitamment.

– Je veux des sandales à semelles plates et dorées et à bouts recourbés.

Elle mit quelques bijoux colorés et tourna dans la chambre jusqu'à ce que sa domestique revînt. Elle portait une tunique sur son bras.

– Tu l'as trouvée ! dit-elle.

Elle la contempla avec des yeux brillants.

– C'est exactement ce que je souhaitais ! Vite ! Aidez-moi à la passer !

Nuweiba se précipita devant un miroir oblong et poussa des exclamations.

– Parfait ! Me voilà prête !

XIV

Alors que la reine croyait son époux en pleine discussion avec Maou, Nuweiba pressait le pas en direction de la salle où Toutankhamon lui avait donné rendez-vous.

Le pharaon l'avait précédée. Intrigué et peu amène, ayant manifestement préféré rester tranquille avec la Grande Épouse royale qui lui avait fait maintes promesses, Toutankhamon fit remarquer à la princesse nubienne qu'il attendait depuis longtemps. Celle-ci se jeta à ses pieds et s'excusa en révélant ses atours. Le roi n'y prit pas garde.

– Allons ! La reine m'attend ! Explique-moi vite pourquoi tu te trouves à Akhetaton alors que tu habitais dans le harem de Thèbes. Je veux absolument que tu retournes là-bas. Tu voulais nous accompagner ? Aurais-tu une raison de nous suivre dans cette ville ?

– Non, maître, répondit Nuweiba, déçue de constater que son apparence ne troublait pas autant le roi qu'elle l'aurait souhaité. Je suis venue ici malgré moi. J'ai suivi les ordres de la sœur d'Houy.

– Comment ? Mais la Supérieure du harem de Thèbes a bien vu combien je tenais à ta présence au palais ! Je ne comprends pas ses choix. Elle a commis une faute...

– Maître, je pensais que la nuit que nous avions passée ensemble t'avait déplu... Je crois aussi que la reine tenait à m'éloigner de Thèbes. Elle devait estimer que je n'étais pas assez belle pour le roi.

– Tu es la plus belle femme du palais ! rétorqua le roi un peu vite.

La princesse comprit qu'elle pouvait encore avoir de l'ascendant sur le souverain.

– Je n'aurais jamais quitté le palais de Pharaon de mon plein gré ! J'y ai tant de bons souvenirs... J'aurais voulu que le roi vînt me retrouver plus souvent. S'il avait été dans le harem de Malqatta, il aurait su que je ne m'y trouvais plus.

– Hélas non. Rélève-toi...

Toutankhamon commença à lui parler moins durement.

– Comment te traite-t-on ici ?

– Bien. Comme les autres épouses secondaires.

– Tu vas embarquer pour Thèbes dès mon départ pour Memphis. Je veux te retrouver le jour même de mon retour à Malqatta.

Nuweiba se retint de serrer le roi contre elle. Toutankhamon remarqua alors sa nudité et glissa sa main sur sa peau douce. Elle l'attira contre elle et caressa ses cheveux dépourvus de coiffe. Le roi était envoûté par les senteurs fleuries et les charmes de la jeune fille. Oubliant la reine, il préféra se laisser aller et écouter ses désirs. Après avoir ordonné à ses gardes de ne le déranger sous aucun prétexte et avoir attiré Nuweiba sur le divan, il laissa parler ses sens.

– Comment avais-je pu oublier que tu me procurais tant de plaisir ? murmura-t-il, conquis. Jamais plus je ne me séparerai de toi.

– La reine attend Sa Majesté, souffla Nuweiba qui savait le roi conquis.

– Seule la volonté du roi importe !

Nuweiba savait aussi réveiller les désirs endormis du roi. Elle ne cessait d'utiliser ses pouvoirs de séduction si bien qu'à peine repu, le roi souhaitait recommencer ses ébats avec la princesse. Il ne semblait jamais rassasié de son corps.

*
**

Dans la chambre royale, Ankhesenamon s'impatientait. Elle trouvait les entretiens de son mari longs et inutiles.

– Le roi a déjà passé tout le monde en revue ce matin même ! dit-elle à Moutenejmet qui était venue parler à Toutankhamon. Je ne comprends pas qu'il recommence !

– Qui devait-il rencontrer ?

– Maou !

– C'est impossible. Je viens de le voir. Il renforçait la sécurité dans le palais et sur les voies principales.

– Mais où se trouve donc Toutankhamon ?

– Je ne le sais pas, Ankhesenamon, mais j'aimerais qu'il me dise combien de jours il compte rester ici. Il m'a répondu très vaguement à ce sujet ! Il est important pour moi de le savoir afin d'organiser ce voyage au mieux. Je suis si heureuse de revenir dans cette ville. Mais la tombe de mon mari m'attend et je ne voudrais pas que le roi s'attarde ici pour ne faire qu'une étape éclair à Memphis.

– Plus vite nous serons partis mieux je me porterai, répliqua Ankhesenamon qui jugeait l'absence de son époux tout à fait anormale.

– Que veux-tu faire ? lui demanda Moutenejmet soudain effrayée en la voyant jeter un châle sur ses épaules.

– Je vais chercher mon mari. Nous nous étions promis de passer cette soirée ensemble.

– Ce voyage doit vous rapprocher davantage. Le roi a moins d'obligations...

– Voilà pourquoi, je me réjouissais de cette expédition.

– La nuit est tombée... Les fonctionnaires sont rentrés chez eux. Les policiers sont en poste.

– Je veux en avoir le cœur net !

– Ta voix tremble...

– Oui. Car je redoute un attentat dans cette ville où les Grands prêtres d'Aton ont été contraints de rester.

– Ils viennent d'apprendre qu'ils pourront, s'ils le souhaitent, gagner Thèbes.

– Pas avant que les fêtes en l'honneur d'Amon ne soient remises en place. Je suis sûre qu'ils nous en veulent beaucoup de les laisser à l'écart et l'occasion serait idéale pour agir. Le pharaon n'est pas sur ses gardes. Il est heureux de se rendre dans les temples d'Aton et dans la nécropole.

– Mais Maou veille, Ankhesenamon. Il est redoutable. Rien ne lui échappe. Il contrôle de près les allées et venues des Grands prêtres.

– J'ai un mauvais pressentiment, ma tante. Je dois aller voir ce qui se passe.

– Mais tu ne sais même pas où trouver ton mari !

– Je vais interroger les gardes.

– Est-il sorti ?

– Je ne le crois pas.

– Peut-être s'est-il rendu au harem...

– Comment mon époux oserait-il me faire cet affront

alors qu'il m'a promis de venir me rejoindre dès que possible ?

– Les hommes sont faibles et le responsable du harem très persuasif. As-tu vu comment il vantait les princesses qui habitent dans son harem ?

– C'est son métier. Il veut être récompensé pour son travail. Son discours était plus traditionnel que convaincant.

Ankhesenamon commençait, cependant, à avoir des doutes.

– Je ne pense pas que Sa Majesté puisse se trouver au harem. Je vais, toutefois, envoyer un scribe aux renseignements.

– Maïa pourrait se charger de cette tâche. Elle restera discrète.

– Veux-tu lui en parler ?

– J'y vais de ce pas ! répondit Moutenejmet, bien décidée à obtenir des nouvelles avant la reine et à lui cacher ce qu'elle ne voudrait pas entendre.

Elle se rendit rapidement dans les appartements de la nourrice de Toutankhamon et lui demanda si elle savait où son protégé se trouvait.

– La reine l'attend... Elle s'inquiète... Doit-elle prévenir Maou ?

– Je saurai très vite pourquoi Toutankhamon n'est pas en train d'honorer sa femme de sa présence. Je l'ai vu partir pour le harem. Mais il paraissait pressé et taciturne. Je doute qu'il rejoignait alors l'une de ces femmes. Je crois, au contraire, qu'il voulait achever au plus vite ses entretiens pour se reposer avec sa femme dans sa chambre.

– Ankhesenamon supporterait mal une mauvaise nouvelle. Elle accepte comme toutes les reines qu'un roi aille dans son harem mais il est des femmes redoutables qui veulent prendre sa place et qui savent charmer le roi.

– Je le sais, Moutenejmet.

– Si nous savons que Toutankhamon est avec une certaine princesse nubienne, il vaudrait mieux trouver une excuse afin que la reine ne retourne pas à Thèbes.

– L'entente du couple royal est, pour nous, essentielle.

– De lui dépend l'équilibre du pays, par Maât.

– Si le roi est en compagnie de la Nubienne, je pense avoir suffisamment d'ascendant sur lui pour le faire interrompre ses ébats si passionnés soient-ils.

– Je n'ose le croire, répondit Moutenejmet. Que lui diras-tu et comment réussiras-tu à interrompre Pharaon ?

– Laisse-moi faire.

– J'ai une idée, Maïa. Il faut annoncer au roi une très mauvaise nouvelle même si celle-ci est fausse.

– Laquelle ?

– Qu'Horemheb a été fait prisonnier ou qu'il est blessé !

– Te sens-tu le courage de dire un tel mensonge ?

– Oui, pour le bien de l'Égypte. Horemheb comprendra et approuvera ma décision !

– Il faudrait que cette annonce soit crédible, ajouta Maïa.

– Je ne peux me rendre moi-même dans la chambre du roi !

– Moi non plus car il mettrait ma parole en doute. Il ne s'agit pas d'un sujet qui m'est familier et qui me concerne.

– Il nous faut un complice, avança Moutenejmet.

– C'est impossible ! Personne n'osera mentir au roi au risque d'être sévèrement puni !

– S'il était là, Aÿ nous aiderait... Et Maou ?

– Je ne crois pas qu'il accepterait. Si nous prenons le risque de lui parler, il peut faire échouer notre plan.

– Tu as raison, Maïa.

– Prenons un Nubien. Transformons-le en messager. Il ira trouver Maou qui parlera au roi. Si nous lui donnons des bijoux, il fera très exactement ce que nous lui demandons. Ces Nubiens n'ont aucun scrupule.

– Ceux qui sont au service du pharaon sont, pourtant, très fidèles et très efficaces.

– Laisse-moi faire... dit Maïa.

Elle fit venir un garde d'une belle grandeur, au corps impressionnant.

– Il surveille les monts. Le roi ne l'a jamais vu, expliqua la nourrice à sa complice.

– Cet homme est très beau. Parle-t-il égyptien ?

– Oui.

– Garde, lui dit Moutenejmet. Nous venons d'apprendre une triste nouvelle.

Elle s'assit et fit mine d'étouffer un sanglot.

– Mon mari, le grand Horemheb, guerroie dans ta région. Il vient d'être blessé. Il faut immédiatement avertir le roi !

– Vénérable dame, qui le ferait mieux que toi ?

– Je n'y arrive pas. Je suis trop accablée par cette nouvelle. Transmets le message au roi.

– Bien. Où se trouve Horus d'or, Maître des deux pays ?

– Au harem.

– Dois-je m'adresser au chef du harem ?

– Oui. Il te conduira auprès de lui.

Maïa prit, à son tour, la parole d'une voix un peu embarrassée.

– Le chef du harem te connaît-il ?

– Non, répondit le Nubien un peu brutalement. Je suis en poste dans les montagnes. Je suis rentré prendre mon repas pour la nuit. Je dois informer Maou...

– Je m'en occuperai. Va tout de suite au harem. Nous te récompenserons abondamment pour ce travail.

– Je ne fais qu'exécuter les ordres.

– Il s'agit d'une tâche délicate. Prends déjà ce coffret plein de bijoux. Il est à toi.

Le garde l'ouvrit et découvrit des splendeurs.

– Je n'en mérite pas tant.

Maïa le lui reprit.

– Ce coffret restera là. Il t'attend. Tu le récupéreras en revenant et tu en recevras autant si le roi revient immédiatement dans ses appartements.

– Je ne comprends pas...

– Garde ! La situation est désespérée ! Tu dois parler au roi le plus vite possible.

Le Nubien se coucha devant les deux femmes et s'empressa de leur obéir.

– J'ai cru qu'il ne partirait jamais ! dit Moutenejmet.

– Voyons maintenant si cette nouvelle fait son effet et si le garde arrive à transmettre son message. Si la porte de Pharaon est condamnée...

– Tout le monde a ordre de la forcer pour une raison d'État !

– Nous ne saurons pas avec qui le roi se trouvait ce soir... Peut-être n'est-il pas avec une femme, dit Maïa. Je suis étonnée qu'il ne respecte pas ses promesses. Jamais il n'a déçu la reine sur ce point.

– Toutankhamon ne connaissait peut-être pas des princesses aussi séduisantes que les Nubiennes, dit Moutenejmet.

– Il a l'âge de l'amour et des aventures. La reine va

vivre des années difficiles. Toutankhamon se désintéressait des femmes. Aujourd'hui, il ne voit qu'elles...

– J'en suis consciente. Je veux seulement qu'il multiplie les liaisons sans qu'elles aient une quelconque incidence sur l'entente du couple royal.

– Nous y pourvoirons.

XV

Le messager nubien se présenta sans scrupules devant le chef du harem. Tout juste respectueux, il lui dit d'une voix rauque et grave avec un fort accent de son pays :

– La vénérable Moutenejmet, sœur de Néfertiti, et la non moins admirable Maïa, nourrice de Toutankhamon, Horus d'or, Taureau puissant, Maître des deux terres, m'envoient.

Le chef du harem ne parut impressionné ni par ce discours grandiloquent ni par le nom des personnes citées.

– Que veux-tu ?

– Je dois impérativement parler au roi.

– Pourquoi donc ?

– Parce que j'ai un message à lui donner.

– Donne-le-moi. Je le lui remettrai, répondit le chef du harem en tendant la main.

– Je n'ai pas de lettre. Je dois lui parler.

– Et qu'as-tu à lui dire ?

– C'est confidentiel.

Le chef du harem le regarda avec mépris.

– Allons ! Veux-tu me faire croire, Nubien, que Moutenejmet, aimée d'Hathor, et Maïa, protégée par Maât et Thouéris, t'auraient confié un message important et que tu dois garder ce secret ?

– En réalité, il s'agit d'une nouvelle qui vient de loin et qu'il me faut transmettre au pharaon, Vie, Santé, Force.

– C'est impossible. Le pharaon est très occupé. Il ne veut pas être dérangé.

– Chef du harem ! Si tu m'interdis le passage, j'ouvrirai toutes les chambres et je finirai bien par trouver le Seigneur de Haute et Basse Égypte !

Le chef du harem ricana.

– Fait ! dit-il en s'écartant pour le laisser passer. Ouvre les portes... Soulève les rideaux. Appelle ! Je ne m'en soucie pas !

– Bien ! répondit le Nubien en s'apprêtant à mettre ses menaces à exécution.

– Si tu me donnes un indice sur la raison de ta visite, je pourrai t'aider.

– Je n'ai pas besoin de toi. Je ferai un rapport sur ton accueil.

– Dans ce cas, tu ne trouveras pas le roi...

– Que dis-tu ?

– Il n'est pas ici.

– Sa Majesté ne se trouve pas au harem ? Mais...

– La nourrice Maïa devrait savoir mieux que personne où est Toutankhamon...

– Elle a été affirmative.

– Elle s'est trompée. Je connais les femmes qui vivent ici et toutes les allées et venues de cet établissement. Je sais aussi quand le roi choisit l'une d'entre elles et s'enferme dans une chambre. Tu peux toutes les ouvrir. Tu ne trouveras personne à l'exception des jeunes femmes qui dorment ou écoutent de la musique.

– Puis-je te faire confiance ?

– Depuis ton arrivée, tu offenses le responsable de ces lieux. Oublierais-tu qui je suis ?

– Pardonne mon audace. Tu as raison. Mais mon message est urgent.

– Le roi est revenu ici tout à l'heure alors qu'il ne l'avait pas prévu. Il reçoit actuellement une princesse nubienne. Il s'agit d'un entretien très important. Je ne peux les déranger.

– Mon intervention sera rapide...

– Hélas ! J'ai reçu des ordres stricts.

– À toi de choisir... Je ne peux t'obliger à me dire où est actuellement le roi. Mais si tu fais le mauvais choix, l'Égypte en souffrira. Il est arrivé un grand malheur. L'armée égyptienne est en danger.

Le chef du harem hésita. Il se demandait comment il allait interrompre le roi. Si celui-ci n'avait pas encore achevé son entretien, tout laissait penser que Nuweiba l'avait de nouveau charmé et qu'ils allaient passer toute la nuit ensemble.

– C'est si délicat... répondit l'Égyptien. Je vais tenter de me renseigner... Attends-moi là. Si le roi est prêt à te recevoir, je te promets de revenir aussitôt.

Le Nubien l'approuva et le supplia de se hâter. Pour ne pas être suivi et ne pas révéler trop vite l'endroit où le roi était censé s'entretenir avec la princesse nubienne, le chef du harem fit le tour de la cour centrale et donna quelques ordres. Il demanda à un serviteur de s'occuper du Nubien et de le faire asseoir sur l'un des bancs qui avaient été placés derrière le jardin d'agrément. Quand il constata qu'il n'était plus visible, il se glissa dans le couloir menant à la chambre rose.

– Garde, le roi est-il encore là ?

– Oui.

– Est-il seul ?

– Non, maître.

Le chef du harem leva les yeux au ciel. Il réfléchit quelques instants et prit enfin une décision.

– Bien ! Que les dieux m'aident ! Garde, tu vas entrer dans cette pièce après avoir frappé.

Le soldat rougit et reprit sa lance à pleines mains.

– Le pharaon m'a ordonné de rester là et de n'entrer sous aucun prétexte.

– Je m'en doutais, répondit l'Égyptien. Nous devons, cependant, lui apprendre une nouvelle capitale qui peut remettre en cause la stabilité du pays.

– Que dois-je faire ?

– Tu vas frapper à cette porte et tu vas crier au roi qu'un messager le demande de toute urgence. Nous verrons bien comment le roi réagit dans un premier temps.

Le garde s'exécuta.

– Parfait !

Ils attendirent ensemble la réponse du pharaon. Mais celle-ci ne venait pas.

– Es-tu sûr que le roi est dans cette salle ?

– Absolument ! Je n'ai pas bougé et il n'y a qu'une sortie !

– Recommence ! Tape plus fort et articule.

Cette fois-ci, Toutankhamon répondit avec colère.

– Partez ! Je veux être tranquille jusqu'à l'aube !

– Maître, un messager te demande, intervint le chef du harem. Il a tant insisté en prétendant que tu dois absolument l'entendre que j'ai fini par venir te déranger.

– Où est-il ?

– Au harem.

– Qu'on aille le chercher !

Toutankhamon abandonna les bras de Nuweiba avec regret.

– Je commençais à être fatiguée, lui dit la Nubienne. Pharaon a une telle énergie !

– Je ne me lasse pas de toi...

– Je pourrais me rafraîchir pendant que le roi écoute ce messager.

– C'est une bonne idée, répondit Toutankhamon. Je vais me hâter.

Le roi fit appeler les servantes de Nuweiba et se baigna dans la salle de bains avant de se laisser rapidement parfumer puis habiller. Quand il sortit de la pièce, le chef du harem revenait avec le Nubien.

– Quel est cet homme ?

– Il prétend qu'il a une nouvelle importante à t'apprendre.

– Par Horus ! Il faut qu'elle le soit sinon tu finiras la nuit dans le Nil au milieu des crocodiles !

Le Nubien se jeta aux pieds du roi et cita l'ensemble de ses noms.

– Nous avons appris que le grand Horemheb avait été blessé.

Le roi pâlit car il ne s'attendait pas du tout à cela.

– Où est-il ?

– En Nubie.

– Tu viens donc du front ?

Le Nubien rougit.

– Non. Mais je sais que le général, chef des armées, est peut-être prisonnier.

– Est-ce seulement une rumeur ?

– Non, maître. La vénérable Moutenejmet est affligée.

– Elle en saura peut-être davantage. Je retourne tout de suite dans mes appartements ! Quant à toi, vois mon scribe. Il te donnera une récompense.

Le Nubien qui recevait de nombreux dons dissimula avec peine son contentement.

– Pharaon est si bon... dit-il en se courbant.

Toutankhamon se rendit d'un bon pas vers la chambre de Moutenejmet qui l'attendait. Elle avait parachevé son plan et voulait rendre son mensonge crédible. Aussi adopta-t-elle une mine défaite et un regard larmoyant. Maïa avait pris soin de la laisser seule.

– Que se passe-t-il ? demanda le roi en rentrant après s'être fait annoncer précipitamment.

– Hélas ! Je ne reçois que de mauvaises nouvelles de Nubie ! On raconte que l'armée égyptienne est au bord du massacre.

– C'est impossible ! Les Nubiens n'ont pas le talent militaire des Égyptiens. Ces rumeurs sont fausses ! Qui les a rapportées ? Le Nubien qui m'a appris la blessure d'Horemheb n'était même pas sur le champ de bataille !

– Mon pauvre Toutankhamon, je me méfie comme toi des bruits qui courent mais j'ai bien l'impression qu'ils sont fondés.

– À moins de constater le contraire de mes propres yeux, je suis certain que ton époux ne peut être battu par les Nubiens !

Le roi fit venir Maou.

– Qu'on le réveille s'il est endormi !

Moutenejmet avait prévu cette convocation.

– Je n'ai guère le courage d'en entendre davantage aujourd'hui, lui dit-elle. Si je pouvais parler au roi pendant quelques instants seule à seul, cela me réconforterait.

– Je ne te reconnais plus ! Toi qui es si courageuse, comment t'arrêtes-tu à de simples ragots ? Nous allons très vite savoir si Horemheb est en pleine forme ou si notre armée a subi une défaite.

Le chef de la police se présenta sans attendre. Le pharaon l'interrogea aussitôt.

– Que signifie tout ceci ? Je ne suis au courant de rien !

– Voilà qui est de plus en plus étrange ! Finissons-en pour que je puisse retourner à mes activités ! Qui a colporté ces rumeurs ? Un messager a-t-il débarqué depuis notre arrivée en provenance de Nubie ou de Thèbes ?

– Non. Pas à ma connaissance. Il se serait présenté devant le roi, devant l'un de ses fonctionnaires ou devant moi.

– Il n'y a donc à Akhetaton aucun témoin des événements qui se déroulent actuellement en Nubie ?

– Pas à ma connaissence, insista Maou. J'ai l'impression que tout cela n'est pas sérieux.

Moutenejmet gardait le visage baissé.

– Qui pourrait être assez cruel pour inventer de tels malheurs ?

– Hélas, Moutenejmet, faire courir le bruit que l'armée égyptienne est en danger peut avoir bien des incidences ! Quelqu'un a peut-être intérêt à me voir quitter Akhetaton le plus vite possible !

L'Égyptienne blêmit. Le roi avait-il deviné ses intentions ?

– Il est évident que mon départ plairait à certains et que le précipiter les arrangerait. Ces Grands prêtres d'Aton, obséquieux et mystérieux, pourraient être à l'origine de ces ragots...

– Que faisons-nous ? demanda Maou.

– Envoie, dès maintenant, un messager rapide en Nubie. Tant que je n'aurai pas reçu de réponse, je ne modifierai pas mon itinéraire. Nous attendons également un messager d'Aÿ...

– Maître, j'ai vu la reine tout à l'heure. Elle te cherchait...

– Je n'ai pas fini mon travail. Ankhesenamon profitera de ma présence pendant tout ce voyage. Je ne serai pas long. Je lui consacrerai toutes mes autres nuits.

– Mais elle était très soucieuse...

– Moutenejmet, je respecte ton chagrin et ton inquiétude, à mon sens injustifiée, mais je ne peux écouter tes conseils. Le roi sait comment mener sa barque.

– La tristesse d'Ankhesenamon a beaucoup troublé Maïa.

Le roi finit par appeler un serviteur.

– Que la Nubienne qui m'attend dans la pièce rose retourne dans ses appartements... lui dit-il. Je la verrai un autre jour.

Moutenejmet retint un sourire mais elle savait que la rivale de la reine regagnerait prochainement le harem de Thèbes et que le pharaon aurait l'occasion de la voir chaque jour. « Il a l'air très épris de cette princesse. Je sens une véritable menace. La reine a raison. Il faut surveiller cette femme. Nous devons partir au plus vite et nous accorder quelques jours de réflexions. »

XVI

La reine se réjouit de retrouver le roi. Elle lui parla de son inquiétude et lui fit remarquer qu'elle l'attendait depuis longtemps.

– Une mauvaise nouvelle m'a retardé, mentit lâchement le roi.

– Quelle nouvelle ?

– En réalité, je ne crois pas à ces ragots. Je préfère en être sûr avant de t'en parler.

– Te voilà bien mystérieux...

– Il s'agit d'Horemheb. On dit qu'il est blessé et prisonnier des Nubiens.

– « On dit » ?

– Oui. Aucun messager n'est arrivé à Akhetaton. Personne ne sait rien mais, comme d'habitude, tout le monde cancanne.

– Il faut ménager Moutenejmet...

– C'est trop tard, par Horus ! Elle était au courant avant moi !

– Nous devons la réconforter.

– Je veux surtout connaître le fin mot de cette affaire douteuse. J'ai déjà fait partir un messager. J'en attends un envoyé par Aÿ demain matin. Nous serons vite fixés.

Tant que nous sommes dans l'incertitude, nous resterons ici. Je ne veux pas m'éloigner de Thèbes.

Ankhesenamon était bouleversée.

– Prions les dieux qu'Horemheb soit en vie.

– Le jour où les Nubiens l'emporteront sur notre armée n'est pas arrivé !

La reine n'avait plus le cœur à la distraction. Quant au roi, il était taciturne et contrarié.

– Si le chef des armées est prisonnier, l'Égypte est perdue, gémit la reine en prenant l'air affligé de son époux pour de l'inquiétude.

– N'exagérons rien. D'autres généraux prendront la tête des soldats.

Ils restèrent ensemble face à la fenêtre qui laissait percevoir une nuit très lumineuse éclairée par des étoiles parfaitement dessinées sur la toile marine.

– J'ai besoin de dormir, dit finalement le roi qui pensait à Nuweiba.

– Moi aussi. Mais je crains de ne pouvoir fermer les yeux jusqu'à l'arrivée du messager d'Aÿ. Je devrais aller voir Moutenejmet.

Le pharaon l'attira égoïstement contre lui.

– Reste auprès de moi.

– J'avais prévu une nuit magnifique...

– Remettons-la à plus tard. Lorsque nous serons à Memphis, nous aurons beaucoup de temps pour nous.

– À Memphis ? Mais pourquoi ne resterions-nous pas ensemble la nuit prochaine si les nouvelles sont bonnes ?

– Oui, bien sûr...

– Je vais me retirer. Tu pourras t'allonger et te reposer.

– Non, reste. Tiens-moi la main. Assieds-toi sur cette chaise.

Le pharaon s'étendit avec son pagne et sa ceinture marquée à son nom. Ankhesenamon lui retira elle-même ses sandales d'or. Elle s'imbiba les mains de senteurs et d'onguent qu'elle passa sur les chevilles du roi. Celui-ci ferma les yeux et se détendit.

– J'aime tes caresses et tes massages. Tu es douce et attentionnée...

Son souffle devint plus faible. Il somnolait pendant que la reine s'occupait de lui. Elle le regardait avec amour sans soupçonner un instant ses retrouvailles avec Nuweiba. Lorsque le roi s'endormit plus profondément, elle resta sur une chaise et veilla sur son sommeil. Elle ne se leva que beaucoup plus tard pour regagner sa chambre. Elle ne pouvait se douter qu'à cet instant le roi songeait aux étreintes de Nuweiba.

– Tu souris dans ton sommeil. On dit que c'est bon signe, dit la reine. L'aube ne nous apportera que des bonnes nouvelles...

*
**

Le lendemain, le roi guetta les navires qui accostaient à Akhetaton. Même s'il avait refusé d'entendre Moutenejmet, il commençait à s'inquiéter en ne voyant aucun bateau à l'horizon.

– Sa Majesté est impatiente... remarqua Maou.

– Et toi, ne l'es-tu pas ?

– J'avoue que le pharaon a su me réconforter. Je ne sais, cependant, que penser...

Le roi était descendu de son char. Face à l'embarcadère, entouré de ses nombreux gardes, il arpentait la rive et scrutait l'horizon.

– Rien ! Toujours rien ! grommelait-il.

– Maître, je crois voir une voile entourée autour d'un mât...

– En effet. Combien y a-t-il de bateaux ?

– Trois.

– C'est peut-être le messager d'Aÿ. Faites, dieux tout-puissants que ce soit lui ! Je ne peux vivre ainsi dans l'incertitude. Moutenejmet n'a pas quitté son lit ce matin. La reine n'a pas dormi. Tout le palais est en émoi.

– Nous avons tenté de rassurer les fonctionnaires et de maîtriser la rumeur.

– C'est peine perdue ! Tout le monde est au courant.

Sachant le roi inquiet à tort, Maïa avait insisté pour rejoindre son protégé. Elle arriva dans son propre char et ordonna fermement au cocher de s'arrêter à côté du char royal.

– Maïa ! Mais que fais-tu ici ?

– Je veux en avoir le cœur net sur cette affaire qui est sans objet.

– Comment peux-tu en être si sûre ?

– Je le suis autant que tu l'étais hier !

– Tu es bien renseignée.

– Moutenejmet s'est confiée à moi.

– Maître ! Il s'agit bien des bateaux envoyés par Aÿ ! s'exclama Maou.

– Qu'ils sont lents...

– Il n'y a pas de vent...

– Prends ton char et va à leur rencontre, lui dit la nourrice.

– Oublierais-tu que je suis le roi ?

– Quand l'Égypte est en danger, le décorum paraît bien dérisoire...

– C'est toi qui me parles ainsi alors que tu m'as appris tout ce qu'un souverain doit savoir !

– Tu meurs d'envie d'en apprendre davantage. Pourquoi attends-tu ici en te tordant les doigts ?

Mais Toutankhamon refusa de bouger. Il regarda avec impatience les trois bateaux accoster lentement et le messager d'Aÿ s'avancer vers lui. Stupéfait de rencontrer le roi en personne à l'embarcadère, celui-ci se prosterna devant lui en cherchant ses mots.

– Je ne suis pas venu là par hasard, crut bon de préciser le roi. Une rumeur court dans Akhetaton. Je serai direct. On prétend que le général Horemheb a été blessé et qu'il est prisonnier. Est-ce vrai ?

Le messager leva les yeux vers lui.

– Qui a osé laisser courir une pareille rumeur ? Aux dernières nouvelles, le chef des armées se portait bien. Il est fier et heureux d'avoir remporté plusieurs victoires. Il estime que sa campagne nubienne sera bientôt achevée. À moins qu'un affreux accident n'ait eu lieu depuis, je n'ai que de bonnes nouvelles à t'apprendre.

Le roi aurait embrassé le jeune messager qui était devant lui.

– Relève-toi ! Et donne-moi le rouleau de papyrus que Aÿ le divin Père t'a remis.

Toutankhamon déroula le papyrus comme s'il voulait constater de ses yeux ce que venait de lui dire le garçon.

– En effet, tout va pour le mieux. Maou ! L'Égypte continue à dominer. Je retourne rapidement au palais pour rassurer la reine et l'épouse du chef des armées. Occupe-toi du messager.

– Nous allons l'escorter.

– Il logera au palais.

– Maître, c'est un grand honneur ! dit l'Égyptien. Je dois repartir dès que Sa Majesté m'aura donné sa réponse. Le divin Père n'aime pas attendre.

– Tu vas te reposer, te délasser et te restaurer. Je vais

dicter ma réponse à mon meilleur scribe. Quand tu auras dormi et mangé tu pourras embarquer.

Toutankhamon sauta presque dans son char.

– Vite ! Au palais ! dit-il à son cocher en lançant au chef de la police une œillade de satisfaction. Je le savais bien !

Toutes ces péripéties n'avaient pas fait oublier au roi la présence de Nuweiba au palais. Contrarié d'avoir vu leur nuit interrompue, rasséréné par l'annonce des victoires égyptiennes, il avait hâte de rejoindre le harem. Mais il avait compris que son épouse s'en offusquerait. « Quel pharaon tient compte des sentiments de sa femme dans une pareille situation ? »

Après avoir passé l'après-midi à ses côtés, estimant avoir été attentionné et aimant, il s'apprêtait à prendre congé d'elle lorsque Ankhesenamon se rapprocha de lui.

– Nous avons écouté de la musique et des poèmes. Nous avons évoqué nos souvenirs communs. Il est maintenant temps de te montrer combien je t'aime et combien je suis comblée par Pharaon.

– Ankhesenamon, je dois te laisser. Nous nous retrouverons demain. Nous pourrions repartir après-demain.

– Comment, maître ? Tu me quitterais déjà alors que la soirée vient tout juste de commencer ? J'ai préparé une surprise à Pharaon...

– Je ne comprends pas...

Moutenejmet et Maïa entrèrent ensemble dans la pièce royale. Toutankhamon se redressa sur son trône et s'étonna de cette visite inopinée.

– La reine a eu l'excellente idée de fêter la victoire de Pharaon, lui apprit Maïa, volubile et souriante.

– Quelle victoire ?

– Celle de l'armée égyptienne sur la Nubie.

– Allons, Maïa, toute gloire doit revenir au chef des armées !

– Je ne suis pas d'accord, Seigneur. Tu es le Maître des deux pays. C'est toi qui as remporté une campagne aux yeux des Égyptiens et des peuples étrangers. Il est normal de te fêter et de te féliciter ! Nous aurions dû le faire bien avant, dès les premiers succès d'Horemheb !

– Maïa a raison ! approuva Moutenejmet. Je sais maintenant que mon mari est en vie et qu'il nous apportera bientôt d'excellentes nouvelles. Sa gloire doit rejaillir sur Pharaon !

– Qu'avez-vous fait ? demanda le roi.

– J'ai réuni tous les fonctionnaires. Nous allons banqueter, rire, trinquer à ton *ka*, inviter Thoutmès à graver ces victoires dans la pierre !

– Remettons cette cérémonie, répondit le roi en se levant.

– À quoi penses-tu ? intervint Maïa. Tout est prêt. Les cuisiniers travaillent depuis ce matin. Les acrobates et les musiciens ont été loués. La salle de séjour est décorée. Nous avons acheté les parfums et les fleurs. Nous avons invité le peuple à fêter avec toi ta victoire !

– Il n'y a aucune urgence. Conservons tout cela pour demain !

Comme la nourrice l'entourait, le roi fut stupéfait de la voir ainsi.

– Je te croyais discrète et obéissante. Je découvre une femme surprenante qui ne m'écoute pas.

– Seigneur, laisse-nous te gâter et te célébrer.

– Maïa a raison, Seigneur, dit Maou en entrant.

– Toi ?

– Nous avions besoin de Maou pour assurer la sécurité. Tous tes amis vont arriver...

– Refuserais-tu, Toutankhamon, de te réjouir ce soir

des victoires de mon époux ? demanda Moutenejmet en jouant la femme blessée.

– Non... Il est normal que nous nous réjouissions ensemble.

– Le contraire ferait jaser ! dit Maïa. Montrons à tous ceux qui veulent s'opposer à ta puissance que tu es le maître ! C'est indispensable. Comme tu le sais, tu es entouré de prêtres hostiles ou déçus. Raconte-leur, ce soir, comment tu as déjà maté les Nubiens et remis quelques Asiatiques dans le droit chemin !

– Moutenejmet et Maïa ont raison, dit la reine. Il est impossible de ne pas fêter les victoires d'Horemheb en public.

– Attendons le retour du général !

– Ce n'est guère la coutume. Tu dois afficher ton pouvoir aux yeux des habitants d'Akhetaton.

Le chef de la police, qui n'osait intervenir, secoua la tête pour approuver Ankhesenamon.

– Qu'en penses-tu, Maou ?

– Je connais mieux que personne les mouvements ou les complots qui se créent ici. Je pense que la reine parle avec beaucoup de sagesse et que Moutenejmet a été inspirée par les déesses.

– Bien ! Que cette nuit soit donc consacrée à la fête !

Ankhesenamon frappa dans ses mains comme une enfant et saisit le visage de son époux entre ses mains.

– Je suis la plus heureuse des femmes !

– Nous veillons tous sur votre bonheur, ajouta Maïa.

XVII

Moutenejmet n'avait pas lésiné pour donner aux réjouissances un caractère exceptionnel. Elle voulait que Toutankhamon n'oubliât jamais ces instants précieux où il serait fêté comme pharaon suprême. Tandis que la reine se préparait pour le festin, elle vint la trouver et tenta de lui faire comprendre qu'une Grande Épouse royale devait impérativement se montrer attrayante.

– Jamais tu ne dois te relâcher, lui dit-elle.

– N'est-ce pas ce que je disais moi-même en évoquant certaines femmes du harem ambitieuses et perverses ?

– Même lorsque tu auras perdu l'éclat de ta jeunesse, il te faudra plaire sans cesse au roi et entrer en concurrence avec des filles jeunes et jolies.

– Crois-tu que je puisse avoir quelque rivale aujourd'hui ? demanda Ankhesenamon en se regardant dans un miroir ? Il y a bien cette Nubienne mais elle est hors d'état de nuire. Nous ne reviendrons que très rarement ici et elle vieillira loin de Thèbes.

– À ta place, je l'aurais fait envoyer dans les carrières d'Assouan ! dit Moutenejmet. Nous aurions été plus tranquilles.

– Que veux-tu dire ? demanda la reine. Te voilà tout excitée...

– Fais-toi belle et attrayante. Charme le roi. Ne le quitte ni de la soirée ni de la nuit. Les adoldescents de son âge sont tellement attirés par l'amour qu'ils convoiteraient des ânesses ! Satisfais tous ses désirs. Ne le laisse pas s'échapper. Contrôle tous les harems et demande un rapport sur chaque femme. Tu connaîtras ainsi ses origines, son âge, ses qualités et ses défauts. Tu sauras si elle est mère et si elle a donné des enfants à Pharaon. À partir de ces dossiers, tu pourras faire un tri entre celles que tu n'as pas à redouter et celles qui chercheront à te concurrencer. Les plus menaçantes seront bien évidemment celles qui sont jeunes, belles, qui ont donné un fils à Pharaon et qui sont ambitieuses. Rencontre-les et éloigne-les du roi si elles te paraissent dangereuses.

Ankhesenamon se demanda pourquoi sa tante insistait tant. Quand elle fut prête, elle était sans doute la femme la plus resplendissante de toute la cour. Les bras et les jambes rutilants de bijoux colorés, les cheveux relevés pris dans une coiffe majestueuse et lourde d'où partaient deux plumes de paon, la robe près du corps, elle s'était souvenue de sa mère Néfertiti pour se vêtir et se parer.

– Tu es la plus belle de toutes les femmes, lui dit sa coiffeuse. Quelle allure, Maîtresse ! Quel port digne !

Le sculpteur Thoutmès, qui avait reçu une commande pour la soirée, vint également rendre visite à la reine qu'il trouva sublime.

– Ce soir, tu me rappelles la grande reine Néfertiti, lui avoua-t-il. Ton cou mince, ton visage allongé par cette coiffe haute, cet or qui orne le haut de tes bras et cette tunique qui souligne ta poitrine sont du plus bel effet.

– Est-ce que je t'inspire, Thoutmès ?

– Je n'aurai aucun mal à sculpter plusieurs portraits de toi.

– Penses-tu que le roi me trouvera à son goût ?

– Reine d'Égypte, je n'ai pas le droit d'en juger mais aucun homme ne pourrait résister à tant de charme !

Le sculpteur plaça sa main sur sa poitrine et se baissa pour la saluer.

– Je suis rassurée, dit-elle en se rendant à la salle à manger. Accompagne-moi...

– Une des forces de ta mère Néfertiti était de ne jamais douter de sa superbe beauté, lui expliqua le sculpteur.

– Cette assurance la rendait parfois impopulaire.

– Ne crois pas cela. Le peuple aime rêver et éprouver pour sa souveraine de l'admiration faute de quoi il l'assimile à une simple citoyenne.

– Me conseillerais-tu d'être plus distante ?

– Pourquoi pas ?

Ils arrivaient à la porte de la salle des festins. Ankhesenamon foula les pétales de roses qui avaient été répandus sur le sol. Ses sandales s'y enfoncèrent comme dans un tapis moelleux. Le roi arrivait au même moment. Il renouvela ses ordres à Thoutmès et tendit son bras à sa femme.

– Moutenejmet affirme que tu aurais dû traverser la ville pour te faire acclamer par ses habitants...

– Je le ferai demain.

Ankhesenamon glissa sa main sous le bras de son époux et se rapprocha de lui. Elle posa son autre main sur la sienne et s'avança vers la porte peinte à doubles battants. Deux gardes se tenaient debout de chaque côté. Dès que le couple royal pénétra dans la pièce, d'autres pétales tombèrent du plafond et recouvrirent leurs épaules.

– Tout cela est agréable... murmura Ankhesenamon. Quelle odeur délicieuse !

Le couple s'arrêta quelques instants, face à une salle pleine qui se leva pour l'applaudir.

– Vive notre roi ! Vive le vainqueur de Nubie ! Vive le vainqueur d'Asie ! Vive le vainqueur de Libye ! Que le Seigneur tout-puissant qui nous gouverne et qui domine l'Égypte connaisse gloire, santé et force pour l'éternité !

La reine rosit de bonheur. Ils écoutèrent encore les acclamations de la cour et les félicitations d'usage. Puis le roi prit place sur son trône à côté d'Ankhesenamon. Sur le dossier avaient été représentées des scènes intimes du couple royal. Tout de bleu intense, de rouge pourpré et d'or, le fauteuil avait des pieds en forme de pattes de lions dorées. Le roi posa ses sandales sur un coussin de mêmes couleurs et assista à un spectacle étonnant d'acrobaties avant que l'on ne plaçât devant lui deux guéridons pour y déposer les plats.

– Tu parles peu ce soir... remarqua la reine.

– Parce que je profite de ces instants de joie.

Il tendit la main vers elle et lui caressa le bras. Mais Ankhesenamon éprouvait, depuis la veille, une sensation étrange. Elle avait déjà ressenti une telle impression, aussi désagréable que troublante. Mais elle ne se souvenait plus des circonatances.

À cet instant, le regard du pharaon s'éclaira étrangement. Des lueurs brillèrent dans ses yeux. Il se mit à sourire et fixait le fond de la pièce comme s'il venait d'y voir une apparition. Sa main se crispa sur le bras de son épouse.

– Tu me fais mal, pharaon, lui dit-elle en suivant son regard.

Mais les courtisans qui se pressaient et les danseuses qui évoluaient l'empêchaient de voir ce qui se passait au fond de la pièce.

Le roi ne parut pas entendre ses paroles. Il relâcha son étreinte sans lui répondre. Il ne bougeait plus. Son regard était fixe. Les lèvres entrouvertes, il admirait manifestement un objet ou une personne.

– Les cadeaux du roi viennent d'arriver, dit Ankhesenamon.

Mais il ne s'agissait pas de présents.

– Tes amis sont-ils entrés ? Fais-les venir jusqu'ici... Qu'ils s'installent près de nous !

– Non, Ankhesenamon. Excuse ma distraction...

Mais la reine venait de comprendre. Le chef du harem avait pénétré dans la pièce avec quelques femmes secondaires parmi les plus belles du palais. N'écoutant plus les conseils de la sœur d'Houy, respectant les choix du roi, le chef du harem avait choisi Nuweiba pour mener ce cortège. Resplendissante, presque nue, vêtue de voiles transparents bleutés et verdâtres, les hanches et la taille entourées de chaînes d'or, les chevilles ornées de larges bijoux en or, les bras entièrement parés de turquoise, de lapis-lazuli et d'argent ou d'or, elle ressemblait à une déesse ou à une fée sortie d'un conte.

Le roi ne fut pas le seul à se montrer conquis. La plupart des courtisans restèrent bouche bée en voyant avancer les douze femmes du harem, habillées de couleur différente. Roulant des épaules et des hanches, marchant avec grâce, Nuweiba vint saluer le roi et se coucha avec élégance devant son trône. Le front contre le sol, les bras étendus devant elle, elle salua respectueusement le roi et la reine.

Ankhesenamon retint son souffle. « Qui avait osé inviter ces filles à cette soirée ? » Elle regarda Maïa et Moutenejmet qui étaient consternées. Comme Maïa s'approchait pour annoncer au roi la présentation des cadeaux, celui-ci lui ordonna d'attendre.

– Mon plus beau présent se trouve devant moi, répondit-il en fixant son regard dans celui de Nuweiba qui lui rendit son sourire malgré la présence de la reine.

Chaque femme se courba devant le Seigneur des deux terres. Le roi les admira les unes après les autres et leur adressa des compliments.

– J'ai demandé à ces femmes de rejoindre le palais de Thèbes, dit le roi à sa femme. Ce sont les plus belles d'Akhetaton. Qu'en penses-tu ? J'ai été étonné de retrouver ici la princesse nubienne. Tu as le droit de t'occuper de mes harems. Je suis sûr que tu le feras au mieux avec la sœur d'Houy...

– Bien, maître, répondit Ankhesenamon. Je me réjouis que tu aies le plus attirant des harems.

– Ces femmes partiront pour Thèbes dès notre départ pour Memphis. J'aurai grande joie à les retrouver quand nous reviendrons de ce si long voyage.

Moutenejmet avait attiré le chef du harem à l'écart.

– Qui t'a demandé d'amener ces femmes ici ?

– Je n'obéis qu'à Pharaon, répondit l'Égyptien.

– Mais le roi ne savait pas que nous allions donner une fête en son honneur !

– Il m'avait dit qu'il souhaitait voir ces femmes à ses côtés pendant toute la nuit. J'ai accompli ses désirs.

Moutenejmet répéta ces paroles à Maïa en la suppliant de trouver une solution.

– Hélas ! Il est trop tard. Comment pourrions-nous éloigner le roi de Nuweiba ? As-tu constaté comment il la regardait ? Ankhesenamon est resplendissante. Elle est aussi belle que l'était sa mère. Elle ferait tourner toutes les têtes. Mais le roi n'a d'yeux que pour Nuweiba. Je ne comprends pas... Il aime tant la reine !

– La princesse va tout gâcher, reprit Moutenejmet.

– Crois-moi... Je connais Toutankhamon. Si nous nous opposons à Nuweiba, il l'en chérira davantage et il la protégera. Si nous nous en désintéressons et si nous laissons le temps faire son œuvre, il s'en lassera et reviendra vers Ankhesenamon.

– La reine souffre. Elle est de nouveau triste et blessée.

– Le roi n'est guère délicat. Il est trop jeune pour ménager sa femme.

– La suffisance de Nuweiba m'insupporte. Faisons entrer malgré tout le cortège de domestiques porteurs de présents et que ces filles s'en aillent !

– Elles resteront pendant tout le festin, dit Maïa...

– Mais à leur place ! Loin du couple royal !

– J'ai cru comprendre que le chef du harem avait prévu de les faire danser devant le roi...

– Annulons cette manifestation grotesque.

– C'est impossible. Le pharaon vient d'être mis au courant. Regarde son air gourmand.

– Il faudrait qu'Ankhesenamon danse et chante à son tour. Elle est si douée ! reprit Moutenejmet.

– Inconcevable ! La reine doit tenir son rang !

Les deux femmes voulaient absolument trouver une solution.

– Crois-tu qu'il serait vraiment indécent pour la reine de chanter et de s'accompagner d'un instrument ? Sa mère le faisait...

– Néfertiti était une incroyable artiste, dit Maïa. Elle enchantait toute la cour lorsqu'elle jouait de la harpe. Elle avait aussi les meilleurs maîtres qui soient.

– Sa fille a pris des leçons avec les mêmes professeurs...

– Mais elle n'est pas aussi douée. Aurait-elle le pouvoir de charmer tout le monde ce soir au point de faire oublier au roi les danses lascives des épouses secondaires ?

Moutenejmet devait reconnaître qu'écouter des chants et des poèmes était moins attrayant pour un homme que de contempler les danses souples d'une femme nue.

– Ankhesenamon a appris à danser. Je la trouve pleine de grâce lorsqu'elle s'exprime aux sons des harpes et des tambourins... J'aimerais que Toutankhamon puisse ce soir la voir autrement que comme la Grande Épouse, mère de ses futurs enfants.

– Même si la reine danse pour le plaisir de tous, répliqua Maïa, comment s'habillera-t-elle ? Il est inconcevable de la vêtir avec les mêmes voiles que Nuweiba !

– Je vais trouver la reine, dit Moutenejmet.

– Elle trône à côté de son mari. Tu ne peux rien faire maintenant.

Mais, n'écoutant que son cœur, Moutenejmet s'approcha du fauteuil royal et chuchota à l'oreille de sa nièce pendant que l'on apportait des présents.

– Tu veux me parler maintenant ? demanda Ankhesenamon.

– Oui. Ce ne sera pas long.

La reine s'excusa auprès de Toutankhamon qui regardait les cadeaux avec ravissement.

XVIII

– Ankhesenamon, tu ne peux laisser Nuweiba conquérir ainsi le roi devant toi, lui dit Moutenejmet d'une voix à peine audible. Elle va danser devant lui et le charmer sans ménager ses effets. Cette femme est dangereuse. Tu avais raison... Je l'ai bien compris.

La reine était impuissante.

– Que puis-je faire ? Je dois accepter mon sort.

– Tu dois, toi aussi, charmer ce soir l'assemblée en chantant, en dansant, en jouant de la harpe.

– Que dis-tu ?

– Ta place est à côté du pharaon. Mais nous le fêtons et nous voulons tous lui faire plaisir. Pourquoi ne lui prépares-tu pas une surprise à ta façon ?

– Je n'ai pas dansé depuis plusieurs mois... Comment trouver un instrument qui me convienne ? On n'improvise pas ainsi une manifestation et un spectacle. Ton idée est bonne mais il me faut du temps...

– Nous n'en avons pas ! Te sens-tu capable d'enchanter l'assemblée ce soir ?

La reine réfléchit.

– Admettons que je dise des poèmes – je les connais par cœur – et que je chante. J'ai une voix agréable, je ne sais si je pourrai jouer aussi bien.

– Je t'ai également vue danser comme une professionnelle.

– Je pense que je serais capable de distraire les courtisans et de plaire au roi, répondit finalement la reine en se détendant. J'adhère à ton idée. Mais il me faut des tenues adéquates...

– Ton vêtement est très beau, répondit Moutenejmet. Je doute, cependant, qu'il te permette des mouvements amples...

– Comment danser avec ce fourreau ? Je dois trouver des tenues appropriées. J'en ai quelques-unes mais elles ne sont pas encore assez fines. Et si je mettais celles de ces femmes qui commandent aux ateliers royaux des tuniques transparentes et fendues ?

– Peut-être n'es-tu pas obligée d'aller jusque-là...

– Être nue n'a rien de répréhensible.

– C'est vrai.

– Je vais tout de suite envoyer une servante aux ateliers. Qu'elle me rapporte toutes les tenues affriolantes commandées par les femmes du harem. Je vais faire mon choix.

– Ces filles seront furieuses !

– Elles en feront faire d'autres. Je décide de tout ce qui se fait aux ateliers.

– Voilà qui me plaît, répondit Moutenejmet. Le roi te cherche. Retourne sur ton siège. Je m'occupe de tout cela. Dès que nous aurons les tenues, je te ferai signe. Nous allons réserver au roi la plus belle des surprises de la soirée ! Que Nuweiba se tienne bien !

La servante de Moutenedjmet ne fut pas longue. Comme celle-ci avait mis Maïa dans la confidence, la nourrice se rendit elle-même aux ateliers. Elle s'adressa fermement au responsable qui se courba devant elle et s'étonna de sa visite.

– Montre-moi toutes les tenues que Nuweiba, princesse du harem, a commandées pour elle, lui dit-elle.

Celui-ci fut surpris mais il s'exécuta.

– Nuweiba va être contente. Toutes ses robes sont prêtes. Elle les voulait précisément pour aujourd'hui.

– Elle les avait commandées pour la fête de ce soir ? Mais les cérémonies n'étaient pas prévues... Tu dois te tromper.

– Non, Vénérable. Nuweiba m'a demandé ces tenues il y a plusieurs jours mais elle a envoyé hier une servante aux ateliers pour nous hâter. Nous lui avons fait aussitôt porter l'une des tuniques que nous venions de terminer.

– Était-ce tard dans la soirée ?

– En effet, Maïa.

– Bien, relève-toi et montre-moi les autres.

– Sa servante a emporté les plus belles.

– Où sont-elles ?

L'Égyptien fit un signe d'impuissance.

– Probablement dans ses appartements !

– Continue ton travail et ne te préoccupe pas de notre entretien. La reine viendra elle-même aux ateliers demain. Sois prêt à la recevoir.

– La reine, elle aussi, est venue chercher les robes qu'elle attendait...

– Je sais.

L'Égyptien s'inclina. Maïa se précipita au harem qui était encore animé par toutes les femmes qui jouaient au senet, qui dansaient ou qui chantaient pour elles-mêmes. Lorsqu'elles aperçurent la nourrice qui devait se trouver au festin, elles se jetèrent au sol pour la saluer.

Maïa chercha les appartements de Nuweiba.

– C'est là ! dit l'une des femmes. Mais la Nubienne est absente.

– Je sais, répondit Maïa. Quelqu'un pourrait-il m'aider et me montrer où se trouvent ses affaires ?

– Dans ce coffre.

La nourrice l'ouvrit rapidement et en sortit une dizaine de robes sans prendre de précaution. Elle jetait les vêtements à terre sous l'œil effaré des autres femmes. Elle trouva bien vite les deux tuniques que les ateliers royaux avaient terminées pour elle. Elles n'avaient manifestement pas été portées. Elle les regarda, les détailla, les plaça devant elle pour tenter de se rendre compte de ce qu'elles pouvaient donner sur elle. Elle les trouva trop aguicheuses, trop pâles, trop évasées pour une reine. Mais une tenue attira son regard. La robe avait été mise de côté. Elle pendait près de la fenêtre. Rosée, fendue de toute part mais élégante dans sa simplicité, vaporeuse, elle plut aussitôt à Maïa.

– Voilà ce qu'il me faut ! dit-elle, ravie. Je vais demander au chef des ateliers d'ajouter quelques touches agréables, des roses, des rubans... Ce sera vite prêt !

Elle courut presque aux ateliers et jeta la robe à l'Égyptien qu'elle venait de quitter en lui disant très exactement ce qu'elle voulait.

– Jusqu'au départ du roi, aucune robe ne sortira de ton atelier sauf pour la reine. Suis-je claire ?

– Je suis à tes ordres...

– Les femmes du harem ont suffisamment de tenues. Elles reviendront te voir après notre départ.

Maïa emporta la robe comme s'il s'agissait d'un bijou précieux. Elle marchait vite. Un peu essoufflée, elle s'arrêta devant la porte de la salle à manger d'où provenaient exclamations, éclats de voix et musique.

– Non, attendez ! dit-elle aux gardes qui voulaient lui ouvrir la porte. Je ne vais pas passer par là.

« Je dois attirer la reine à l'extérieur. Il faut aussi réunir quelques musiciens capables d'interpréter les morceaux de musique sur lesquels elle pourrait danser. »

– Où se trouvent les deux harpistes de la reine ? demanda-t-elle à la servante qui avait été mise dans la confidence.

– Elles ne doivent pas se produire ce soir.

– J'espère qu'elles sont encore au palais... Va les chercher ainsi que le flûtiste qui a l'habitude de jouer, tous les après-midi dans la chambre de la princesse Tashrit-Ankhesenamon. Qu'ils apportent tous leur instrument.

Pendant ce temps, Maïa s'introduisit par une porte dérobée derrière laquelle l'attendait Moutenejmet qui buvait et mangeait avec les convives. Elle se leva aussitôt en voyant Maïa.

– Je croyais que tu ne reviendrais jamais, murmura-t-elle. Que portes-tu ?

– La tenue de la reine.

– Celle avec laquelle elle pourrait danser ?

– Oui. Mais il nous faut maintenant des musiciens.

– Ne t'inquiète pas. J'ai convoqué les deux harpistes d'Ankhesenamon.

– J'avais pensé à elles. Où sont-elles ?

– Elles arrivent. Elles sont reparties chercher leur instrument. Elles m'ont avoué que la reine avait l'habitude de danser seule lorsqu'elles jouaient et qu'elle n'avait rien perdu de son talent.

– Bien ! répondit Maïa. Il faudrait que la reine se produise avant les autres femmes et qu'elle évince Nuweiba.

– Je vais la chercher...

– Comment vas-tu faire ? Tous les yeux sont braqués sur le couple royal.

– Le défilé des cadeaux s'achève. Les acrobates vont revenir. Les danseuses se produiront juste après. Il ne faut pas perdre de temps.

Moutenejmet s'avança vers la reine et chuchota à son oreille.

– Ma tante, nous nous entretiendrons plus tard, dit la reine en faisant mine d'être contrariée.

– Je ne serai pas longue...

La reine se leva une nouvelle fois et rejoignit Maïa près de la porte dérobée.

– Tout est prêt, Ankhesenamon. Nous avons ta robe et tes musiciens habituels vont t'accompagner.

La reine regarda la tunique que portait Maïa.

– Elle est splendide. J'aime ses reflets roses. Mais elle me paraît très osée.

– J'ai longuement réfléchi. J'ai demandé aux tailleurs quelques améliorations. Tout repose maintenant sur toi.

La reine était déterminée.

– Je vais chanter. Je danserai ensuite...

– Danse le plus longtemps possible. Nous ferons ensuite entrer les jongleurs et les Crétois qui savent sauter au-dessus des taureaux. Ces acrobaties ont toujours plu au pharaon.

– Ordonnez aux femmes du harem de se retirer dans leur chambre après cette prestation. Le roi aura bien bu. Il sera encore sous le charme. Pendant le spectacle des Crétois, je lui aurai présenté coupe après coupe.

– Je vais faire venir du vin grec, proposa Moutenejmet.

– Gageons qu'ainsi nous finirons la nuit ensemble !

– Je ne vois pas comment il pourrait en être autrement, dit Maïa en les rejoignant.

La nourrice surprit de nouveaux regards furtifs de

Nuweiba vers le roi. La jeune Nubienne profitait de l'absence de la reine pour aguicher le pharaon.

– Elle croit avoir conquis le roi. Elle est persuadée que ses danses vont le séduire à jamais et que Toutankhamon courra cette nuit dans son lit. Elle ne sait pas qu'elle devra affronter les femmes les plus influentes du palais ! dit Moutenejmet.

– Que ferais-je sans vous ? Je serais désespérée...

– Toutankhamon est encore jeune. Il a besoin d'être guidé. Comme je ne peux lui donner des conseils comme au temps où il jouait dans le parc, j'agis à son insu pour son bien et son bonheur, précisa Maïa.

– Tu tiens ton rôle à merveille. Jamais je ne t'en remercierai assez. Quels honneurs puis-je te donner ? Tu as tout reçu. Tu es un personnage essentiel de la cour !

– Reine bien-aimée, je sais que Toutankhamon tient beaucoup à toi. J'ai également conscience qu'il est très jeune, que les filles l'attirent et qu'il manque d'objectivité pour distinguer l'amour de l'attirance physique. Le pharaon est actuellement un poulain fou qui a besoin de mûrir. Il serait très malheureux s'il te perdait. S'il te décevait, tu serais également accablée. Je veux éviter ces erreurs pour plaire à Maât, la déesse de la stabilité et de l'ordre.

– Maïa a raison, approuva Moutenejmet.

XIX

Lorsque la reine, vêtue d'une tunique à faire pâlir les déesses, s'avança au centre de la pièce, un murmure parcourut l'assistance. Certains n'avaient même pas remarqué son absence sur le trône. Ils se retournèrent automatiquement vers le roi qui buvait et riait avec des amis.

Les filles du harem restèrent médusées. Nuweiba crut reconnaître l'une des robes qu'elle avait commandée aux ateliers royaux mais elle se garda bien d'intervenir.

– Que signifie tout ceci ? demanda l'une des Asiatiques. Que fait la reine au centre de la salle ?

– Je ne le sais pas encore... murmura Nuweiba.

Ankhesenamon attendit que ses musiciens fussent installés puis elle commença à chanter d'une voix cristalline et haute que le pharaon reconnut aussitôt. Il tourna la tête vers elle et faillit laisser tomber sa coupe.

– Ankhesenamon... dit-il. Mais...

Ayant prévu sa réaction, Moutenejmet s'approcha de lui et lui saisit le bras.

– C'est une surprise, Horus d'or, la plus belle de la soirée ! Écoute, regarde et prends du plaisir à contempler la plus jolie femme du royaume.

Toutankhamon écouta sa femme avec beaucoup

d'attention. Puis elle prit la place d'une harpiste et interpréta un air connu qui fut vivement applaudi. Croyant la manifestation terminée, le roi s'apprêtait à descendre de son piédestal pour aller la féliciter lorsque Moutenejmet lui demanda de patienter.

– Le spectacle commence seulement, dit-elle. Assieds-toi et regarde bien.

Enlevant le voile qui recouvrait ses épaules, la reine évolua au milieu de la pièce aux sons des instruments.

– Ankhesenamon ne peut...

– Laisse la reine s'exprimer, lui répondit Moutenejmet. Elle est jeune, belle et talentueuse. Elle tenait à te faire cette surprise. N'a-t-elle pas la grâce de sa mère ?

– Si, bien sûr, mais je doute que sa place...

Moutenejmet mit son doigt sur ses lèvres pour l'inviter à se taire et à observer son épouse.

– Je commence à comprendre... dit Nuweiba entre ses dents. La reine se comporte comme une simple danseuse louée pour un festin !

Le chef du harem lui interdit de parler en ces termes de la Grande Épouse.

– Personne n'insultera la reine en ma présence !

– Excuse-moi d'avoir dit tout haut ce que je pense tout bas, répondit la Nubienne.

– Où vas-tu ?

– Je quitte cette salle !

– Tu restes ici ! Seuls les souverains décident de qui doit quitter un festin. Si tu pars maintenant, ce sera un outrage à la reine et tu finiras aux crocodiles ! Contente-toi de regarder comme tout le monde !

L'assistance était subjuguée par les gestes harmonieux d'Ankhesenamon qui savait faire durer le plaisir. Sa danse serait longue, sensuelle, tantôt endiablée tantôt langoureuse. Elle connaissait tous les ressorts pour envoûter les invités. Nuweiba, qui avait également de l'expérience dans ce domaine malgré son jeune âge, comprit que la concurrence serait dure.

La reine se dévêtait légèrement à chaque mouvement tout en gardant son port de souveraine. Cette majesté alliée à ses atours et à sa façon unique de les montrer troubla vite les hommes présents. Plutôt que de voir des danseuses professionnelles habituées à se dénuder, ils contemplaient un mélange subtil d'élégance et de séduction.

Ankhesenamon n'en était pas moins quasiment nue. À peine dissimulée par des voiles complètement transparents, les cuisses, le ventre et les fesses dénudés à chaque geste grâce aux fentes de son vêtement, elle suggérait, montrait à peine pour cacher aussitôt, excitant les esprits les plus insensibles.

– Voilà ce qu'il fallait faire... murmura Maïa. Ankhesenamon est intelligente, fine et pleine de ressources. Jamais les filles du harem ne réussiront à danser ainsi parce qu'elles n'ont pas le pouvoir suprême.

– Imagine ce que tous ces hommes pensent... lui dit Moutenejmet en contemplant l'assemblée, muette d'admiration.

– Ils se disent qu'ils voient la reine nue, se livrant à des gestes voluptueux imitant l'amour, devant le pharaon en personne...

– ... et qu'ils ne pourront jamais toucher ce corps ni cette âme parce qu'elle appartient à la souveraine de ce pays.

– Un plaisir interdit. Rien ne pouvait les exciter davantage.

Les deux femmes prirent plaisir à voir le regard gourmand des courtisans. Jamais encore, pendant aucun spectacle, le silence n'avait été aussi total. La reine en profitait. Sentant le public acquis, elle était encore plus talentueuse que d'habitude. Aimant être appréciée, se livrant, interprétant des scènes avec beaucoup de réalisme, elle soulevait parfois de courtes exclamations.

– Qu'elle est belle ! reconnut Maïa. Elle est si souple, si bonne comédienne.

– Elle sait mettre son corps en valeur par ces danses lascives.

– J'espère qu'elle va continuer car personne ne se lasse. Elle doit subjuguer le roi jusqu'au bout.

Maïa se pencha pour voir le visage du pharaon. Toutankhamon était plus difficile à contenter que les autres hommes car il connaissait bien Ankhesenamon. Aussi préférait-il découvrir de nouvelles artistes. Mais il succomba peu à peu aux sons mélodieux et un peu monotones. En voyant son épouse mimer les gestes amoureux, il oublia qu'elle était sa femme et sentit monter en lui un désir irrésistible. Étonné de retrouver pour Ankhesenamon la même attirance que celle qu'il éprouvait pour elle lorsqu'ils s'étaient mariés, il se fit éponger le front et saisit une serviette imbibée de citron. Puis il réclama plusieurs coupes de vin.

– C'est le moment de sortir nos meilleurs crus, dit Maïa.

– Je croyais que tu les réservais au spectacle suivant.

– Ne vois-tu pas comme Toutankhamon a soif ? Il paraît très impressionné...

– Et le mot est faible, dit Moutenejmet en riant discrètement.

Maïa ordonna aux sommeliers de servir au roi les crus grecs qu'elle avait fait apporter.

– Faites-lui goûter à ces divers vins tous excellents. Pharaon a bien mérité de s'amuser ! Il vous récompensera tous quand il aura bu de tels nectars !

Les sommeliers se précipitèrent pour obéir.

– Tout semble se mettre en place, constata Moutenejmet. Notre plan va réussir...

– La reine est si merveilleuse que le pharaon ne voit plus aucune autre femme. Il comprend qu'en cet instant tous les hommes présents la désirent ardemment. Or, lui seul peut aimer cette femme. Quel incroyable pouvoir il doit ressentir !

– Son orgueil va être comblé !

– Je ne vois pas comment il pourrait, après cette danse, choisir une autre femme que la sienne !

Nuweiba cherchait en vain le regard du roi. Celui-ci restait captivé par Ankhesenamon.

– Je vais trouver le chef du harem, dit Moutenejmet. Il est temps de lui faire comprendre que toutes les filles du harem doivent être parties à la fin du prochain numéro d'acrobatie.

– Es-tu certaine que le roi ne te le reprochera pas ?

– Maintenant, je n'ai plus aucune crainte. Le roi va boire et finir la nuit avec son épouse. Qu'Ankhesenamon continue à charmer les autres hommes jusqu'à leur départ. Il aura compris qu'elle est plus précieuse qu'une petite Nubienne...

– La reine rend les femmes jalouses.

– Qu'importe, rétorqua Maïa. Il ne s'agit que des femmes des courtisans. Elles la respectent avant tout. Quant aux Égyptiennes du peuple, elles ressentent une immense affection pour elle. Ce spectacle n'est pas donné devant le peuple.

– Gageons qu'il apprendra dès demain comment sait danser sa reine...

– Il est vrai que les rumeurs courent vite en Égypte.

Moutenejmet paraissait inquiète.

– Comment sera racontée cette soirée ?

– Je connais les courtisans, répondit Maïa. Leurs propos seront très flatteurs.

– Et ceux de leur épouse ?

– Qu'importe... Elles ne diront jamais du mal de la reine.

– Je me méfie de la jalousie féminine.

– Crois-moi, Moutenejmet, les seules qui peuvent médire ont rejoint le harem.

– Il faudrait leur faire peur, les menacer d'une punition si elles osent critiquer Ankhesenamon aujourd'hui ou demain.

– Tu as peut-être raison... À quoi penses-tu ?

– Je vais aller leur parler. Je veux qu'elles comprennent toutes que la reine est la première femme de ce pays et qu'elles lui doivent une totale obéissance. Je souhaite aussi leur faire comprendre qu'elles se heurteront à toute la famille royale si elles osent nuire au couple royal.

– Ce message doit surtout s'adresser à Nuweiba.

– Je ne lésinerai pas sur les termes employés !

– J'ai l'impression que la Nubienne ne renoncera pas aussi facilement...

Moutenejmet prit un visage contrarié.

– Il le faudra bien ! dit-elle avec fermeté.

– Jamais nous ne pourrons la surveiller lorsqu'elle sera à Thèbes. Elle devait jubiler lorsque le roi a donné l'ordre de la faire revenir à Malqatta.

– Ce sera un véritable problème. Si elle donne un fils à Pharaon, ce sera plus terrible encore !

– Ankhesenamon se retrouvera dans la situation de sa mère Néfertiti.

Les deux femmes eurent la même idée.

– Nous devons convaincre Ankhesenamon de donner un fils à Toutankhamon le plus vite possible ! dit Maïa.

– Je suis de cet avis.

– Hélas ! Quand les femmes sont enceintes, elles n'attirent plus guère leur époux et Toutankhamon n'en fréquentera que plus le harem de Malqatta.

– Je préférerais, comme Aÿ, que ce couple ait un héritier, voire plusieurs fils susceptibles de prendre la succession de leur père...

– Toutankhamon est-il prêt à être père et à comprendre toute l'importance de ces naissances ? Il ne songe, en ce moment, qu'à folâtrer !

– Maïa, tu parles comme si tu étais sa mère. Oublions les jalousies entre femmes et pensons à l'Égypte.

– Ankhesenamon n'aura aucun mal à donner un fils au roi. Elle a eu une fille dès son mariage avec Akhenaton.

– Tu sais, comme moi, que les reines de ce pays donnent souvent naissance à des filles et non à des héritiers.

– L'histoire se renouvelle, en effet.

– Voilà pourquoi j'ai les plus grandes craintes, Maïa.

– Mais Ankhesenamon n'est ni Hatchepsout, ni Néfertiti.

– Si je te voyais bercer trois fils de Toutankhamon et d'Ankhesenamon, je dormirais tranquille. Pour l'instant, je prie les dieux de consolider ce couple.

– Ils sont très jeunes...

– Précisément. Toutankhamon n'est pas en excellente santé.

– La reine a failli perdre sa fille, ne l'oublie pas.

– Justement ! Je la crois maintenant prête à faire un nouvel enfant. Les dieux l'ont aidée à garder sa fille. Cette bonté divine doit lui donner courage.

– Veux-tu que je parle au roi ?

– Tu pourrais, en effet, évoquer la question avec lui... Je me charge dans ce cas, de m'entretenir avec la reine...

– À nous deux, nous réussirons bien à faire germer une idée dans leur esprit.

– Nous allons, à coup sûr, dans la direction du Père divin Aÿ.

Moutenejmet était prête à toutes les extrémités pour protéger le couple royal. S'il l'avait su, son mari en aurait frémi. Lui qui convoitait le pouvoir absolu aurait compris que sa femme ne le lui aurait jamais pardonné.

– Pourquoi la peste ne sévit-elle pas contre les ambitieuses ? dit-elle entre ses dents.

Cette remarque venant d'un être si doux, si serviable et si dévoué étonna beaucoup Maïa.

– Que dis-tu ?

– Cette Nubienne est si jeune et déjà si manipulatrice... Que peut-on lui souhaiter de bon ?

– Elle a été séduite par Pharaon comme toutes les jeunes filles qui arrivent en Égypte. Comment ne pas être ébloui par tant de luxe, tant de richesses ? Tous les étrangers retournent dans leur pays avec des étoiles de Sirius dans les yeux.

– L'étoile la plus brillante du ciel annonce le débordement du Nil au début de l'année. Il est vrai que les pupilles de ces femmes brillent comme des papillons de nuit.

– Malgré leur propre statut, elles n'ont jamais vu autant de bijoux, de mets, de palais luxueux. Pour peu qu'elles soient astucieuses, elles réussissent vite à se faire remarquer.

– Tu es bien indulgente, Maïa. Je crois que nous avons affaire à une redoutable rivale !

– Reconnais que Toutankhamon est tombé sous son charme dès qu'il l'a vue et qu'il en est fou. Nuweiba n'aurait jamais osé le provoquer avant d'avoir passé une nuit avec lui.

– Le crois-tu vraiment ?

– Nous avons tous assisté à l'arrivée de cette princesse. Elle est très belle. Elle a séduit tout le monde.

– Sa disparition serait la bienvenue.

– Tu me fais peur, Moutenejmet. D'où te viennent des pensées aussi atroces ?

– Il n'y a rien là de terrible ! Elle pourrait retourner d'où elle vient ! Houy a eu de bonnes idées en l'amenant ici !

– Le vice-roi de Koush aurait dû s'abstenir. Il est impossible de la renvoyer en Nubie. Houy ne peut reprendre son cadeau. Ce serait un affront au roi.

– La sœur d'Houy ne rêve que de retourner là-bas. Elle pourrait l'accompagner sans que le roi n'en sache rien...

– À moins de l'éliminer, Nuweiba restera au palais. Il faudra s'y faire !

– Je vais préparer le petit discours que je prononcerai devant les filles du harem. Mes allusions seront claires et j'espère pour elle que Nuweiba comprendra le message !

Maïa n'avait jamais vu la femme d'Horemheb aussi déterminée. Elle aussi était prête à aider Toutankhamon pendant toute sa vie. Les erreurs de jeunesse, les amours du harem conduisaient parfois aux pires extrémités. Maïa la nourrice avait l'impression d'être aussi la conscience du pharaon, sa bonne âme, celle qui guidait ses pas sur le bon chemin. Ankhesenamon avait des alliées sûres et redoutables.

XX

Dans sa chambre, Nuweiba ne dormait pas. Elle entendait, d'un côté, les autres filles du harem chanter, rire ou s'apostropher en jouant au senet, de l'autre, les éclats de voix qui venaient du jardin. La plupart des convives quittaient la salle à manger en chantant ou en éclatant de rire et allaient prendre l'air dehors.

Allongée sur sa couche, les yeux tournés vers le plafond, la princesse nubienne ne bougeait pas depuis qu'elle était revenue de la salle des festins. Elle s'était isolée et guettait tous les bruits. Les éclats de rire se faisant plus nombreux et plus bruyants, elle comprit que les invités se retiraient et que le roi était déjà parti. Elle attendait, espérant une visite du pharaon.

– Il ne me laissera pas seule cette nuit, murmura-t-elle. J'ai vu dans ses yeux combien il tenait à moi. J'ai réussi à rallumer la flamme qui nous lie. Personne, même la reine, ne parviendra à l'éteindre. Le roi me désire plus qu'Ankhesenamon. Il a été subjugué par mon regard. Il va venir. Je sais qu'il va venir...

Elle s'était recoiffée et parfumée. Belle, patiente, un peu tendue, elle écoutait.

– Toutes ces filles ne pourraient-elles pas se taire ? Je n'entends que leurs exclamations et leurs rires stupides !

Elle crut enfin déceler un bruit inhabituel. Le chef du harem l'appela.

– Tu peux entrer, lui dit-elle. Je ne dors pas. Je suis très lasse. Je me repose.

Il pénétra dans sa chambre.

– Tu es seul ? demanda-t-elle.

– Évidemment.

– Je croyais t'avoir entendu parler...

– Oui. J'ai donné des ordres à toutes celles qui doivent aller à Thèbes. Au lieu de jouer et de danser, il est temps pour elles de préparer leurs coffres. Je voulais te demander de te tenir prête. Si tu ne veux pas dormir tout de suite, prépare tes affaires. Tu termineras tes malles demain.

– Que signifie tout ceci ?

– C'est simple, Nuweiba. Tu as entendu, comme moi, les ordres du roi. Vous partirez pour Thèbes dès que le roi aura embarqué pour Memphis. Or, Toutankhamon, Horus d'or, a décidé de poursuivre dès demain son voyage vers le nord de l'Égypte.

– Te l'a-t-il dit lui-même ? Je croyais qu'il voulait rester à Akhetaton pendant quelques jours, le temps de...

– Il a été ferme. Avant de rejoindre ses appartements avec la reine, il m'a précisé qu'il quitterait cette ville dès que possible. Tel est également le souhait d'Ankhesenamon aimée d'Hathor.

– Le roi vient de regagner ses appartements ?

– Il est parti juste après le spectacle des acrobates grecs. En réalité, je crois qu'il n'a même pas attendu la fin de cette manifestation. Il était très pressé de se retrouver avec sa femme. Quoi de plus normal ? Ankhesenamon a charmé tout le monde ce soir. Elle était fascinante. Le roi a été comblé par cette soirée. Il a bu le meilleur des vins. Son épouse a dansé et chanté pour lui. Il a découvert en elle une véritable artiste, sensuelle et magnifiquement belle, en plus d'une femme aimante et d'une mère attachante. Une si belle nuit ne pouvait s'achever sans que les dieux ne veillent sur le couple royal. Je crois même savoir que beaucoup d'Égyptiens prient pour qu'elle apporte au roi un héritier.

– Toutankhamon est jeune.

– Plus le couple aura de fils, plus le peuple sera heureux. Personne ne doute que Toutankhamon et Ankhesenamon ne dormiront guère avant l'aube. Ils ne se sont pas quittés. Les gardes veillent sur la porte des appartements du roi et la reine y est restée. Les servantes racontent qu'elles ne les ont jamais vus aussi amoureux l'un de l'autre.

Nuweiba refoula ses larmes. Non seulement elle se sentait triste mais elle était révoltée par la tournure qu'avaient prise les événements. Si sûre d'elle-même avant le festin, elle était maintenant rejetée, préférée à une autre, oubliée.

– Je me sens incapable de regrouper mes vêtements ce soir, même avec l'aide de toutes mes servantes, dit-elle. Je le ferai demain. Quoi qu'il en soit, puisque le roi a prévu un long voyage dans le nord de l'Égypte, j'ai plusieurs semaines pour me rendre à Malqatta. L'important est qu'il me trouve à son retour.

– Je préfère exécuter à la lettre les ordres du roi.

– Bien sûr, répondit Nuweiba. Nous ne sommes que ses sujets.

La princesse avait, cependant, bien compris que le vin avait aidé la reine à convaincre le pharaon et que Toutankhamon restait sensible à ses charmes. « Je n'ai perdu qu'une petite bataille, se dit-elle. Mais j'ai tout l'avenir devant moi. Il me suffit d'être patiente. Les semaines que le roi passera loin de Thèbes vont me paraître longues. Je croyais, cependant, mon sort définitivement arrêté. Or, les dieux me donnent la chance de nous unir de nouveau et aussi souvent que nous le souhaiterons. La reine ne rivalisera pas avec moi longtemps. »

– À quoi penses-tu, seule, dans l'obscurité ?

– À rien d'important, répondit Nuweiba en souriant mélancoliquement. Ne t'inquiète pas. Je serai prête pour partir avec les autres.

Dès qu'il fut parti, Nuweiba ne put retenir ses larmes. Elle se leva et contempla la nuit. Les palmiers agitaient leurs branches. Les invités étaient encore là. Ils éclataient de rire à chacune de leur plaisanterie et racontaient des histoires drôles en haussant la voix.

– Oublions cet échec et préparons-nous un avenir plus glorieux, dit la princesse en imaginant sa vie à Malqatta. Malgré sa beauté et son prestige, Néfertiti n'a pu lutter contre Tiya.

La princesse connaissait, grâce à son père, l'histoire de Néfertiti et d'Akhenaton. Elle n'avait aucune animosité contre celui qui était en train de combattre dans sa région. Elle savait qu'Horemheb s'imposerait sans difficultés. Houy n'avait pas beaucoup insisté pour la décider à vivre à la cour égyptienne. Son père lui en avait décrit le luxe et les richesses. Mais il lui fallait jouer finement pour ne pas perdre ce confort incroyable.

Alors qu'elle avait essuyé ses yeux et remaquillé ses joues, le chef du harem revint auprès d'elle.

– Nuweiba, j'ai un message pour toi.

Les yeux de la jeune femme s'illuminèrent.

– Est-ce de... ?

– Il s'agit d'une lettre de Pharaon.

Nuweiba tendit la main pour saisir le papyrus mais le chef du harem le déroula lui-même.

– Je dois te lire le contenu de ce message.

Nuweiba en conclut aussitôt qu'il n'était pas personnel. Aussi le regretta-t-elle tout en tendant l'oreille, le cœur battant.

– Que souhaite Horus d'or ? demanda-t-elle.

– Pharaon veut te faire un don.

– Un don ?

– Il a décidé de t'offrir un domaine à Thèbes.

Nuweiba se laissa tomber sur sa couche.

– Un domaine pour moi seule ?

– Oui. Il est fréquent que les rois offrent à leurs favorites des domaines somptueux. Cependant, l'Égypte n'a plus les moyens de faire des cadeaux d'une telle importance. Les caisses commencent à peine à se remplir. Ce cadeau est donc exceptionnel et Pharaon souhaite qu'il soit apprécié comme tel.

– Je refuserai. Je n'ai rien accompli pour mériter une pareille récompense.

– Pharaon estime que tu as été envoyée ici par erreur et il veut te montrer combien il tient à toi. Accepte, sinon tu blesseras le roi. Tu recevras bien d'autres présents car le roi est généreux. Tous ses ancêtres l'étaient.

– Fait-il ce genre de cadeaux à toutes les femmes du harem ?

– Certainement pas en ce moment !

– Que dois-je en penser ?

– Que le roi t'apprécie, que tu es sans doute sa favorite et qu'il te rendra souvent visite à Thèbes.

– Es-tu sûr de ce que tu avances ?

– Ce domaine est très grand. Tu auras à ta disposition des serviteurs et des jardiniers. Tu auras des vignes et du bétail.

– Mais quand le roi t'a-t-il donné ce message ?
– Je l'ai reçu de son scribe...
– Quand l'avait-il dicté ?
– Tu es très exigeante et très curieuse. Qu'est-ce que cela change ?
– Réponds-moi...
– Je ne sais quand le roi l'a dicté. À mon avis, avant de se rendre au festin...
– Il avait peut-être décidé d'occuper autrement sa soirée...
– L'important est que tu reçoives ce domaine et que le pharaon t'apprécie.
Nuweiba en conclut aussitôt que le pharaon se montrait généreux parce qu'il n'avait pu passer la soirée avec elle. Elle n'était pas loin de la vérité.
– Je voudrais remercier le roi... dit-elle aussitôt en espérant avoir enfin trouvé un argument pour rencontrer le pharaon.
– Comme je te l'ai dit, il s'est retiré. Personne ne peut le voir avant demain matin.
– Bien...
La Nubienne réfléchit.
– Je pourrais peut-être lui adresser un message... On le lui donnerait discrètement et...
– Nuweiba ! N'insiste pas...
– Puis-je lui parler demain ?
– Je ne connais pas l'emploi du temps de Pharaon...
– Comprends-moi... Ce présent est incroyable. Je suis si flattée. Je dois absolument remercier Toutankhamon. Comment me jugerait-il si je restais de marbre ?
– Tu as raison. Écris-lui. Demande-lui un entretien.
– Envoie-moi ton scribe ! Je vais tout de suite lui faire ma demande. Ainsi l'aura-t-il dès son réveil. Je ne vou-

drais pas manquer de le voir avant son départ pour Memphis !

Nuweiba soigna les termes de sa lettre. Elle dit au pharaon combien son présent l'avait touchée et combien elle était émue. « J'aurais tant voulu te le montrer ce soir, Horus d'or, Seigneur des deux terres. Jamais tu n'aurais été plus heureux ! Hélas ! Il me faut patienter jusqu'au lever de Rê. Mais j'ai envie de courir pour me jeter à tes pieds et embrasser tes chevilles. Personne ne m'a fait un cadeau aussi somptueux depuis que je suis née. Il témoigne sans doute de la grande affection que nous éprouvons l'un pour l'autre. »

Le scribe s'arrêta d'écrire. Assis en tailleur à même le sol, il ne s'était pas manifesté jusque-là. Mais la dernière phrase le choquait.

– Poursuis ! Poursuis ! insista Nuweiba.

– Veux-tu réellement que j'écrive ces mots ?

– Bien sûr, par tous les dieux ! Depuis quand un scribe discute-t-il ?

– Nuweiba, certaines paroles ne s'écrivent pas... Tout le monde peut lire un écrit.

– Que tous les courtisans lisent ce message ! Ne m'interromps plus !

Elle poursuivit sans honte.

– « Je m'occuperai soigneusement de ce domaine comme je prendrai soin de Pharaon. Jamais plus je ne le quitterai. J'ai hâte qu'il revienne à Thèbes pour l'y retrouver. Quels merveilleux moments nous allons partager ! Aucune femme n'est plus heureuse que moi. Je remercie le Seigneur du monde de m'avoir choisie et de m'avoir donné pareil cadeau ! Qu'il vive dans la joie ! »

– Est-ce terminé ? demanda le scribe après un long silence.

– Oui, répondit Nuweiba. Fais sécher cette encre.

Range ton matériel. Roule ce papyrus et cours le remettre au scribe de Toutankhamon. Il doit lui donner cette lettre à son lever lorsqu'il introduit le prêtre d'Amon dans sa chambre.

– Doit-il le lire devant les servantes et... la reine ?

– Pourquoi pas ? Que Pharaon agisse à sa guise.

Le scribe se hâta de se retirer. Il se dirigea comme prévu vers les appartements du roi qui étaient surveillés par six gardes intransigeants.

– Que se passe-t-il ? demanda-t-il. Je désire parler au scribe royal. Où est-il ? Je n'ai jamais vu autant de gardes devant la porte du roi !

– Les ordres de la vénérable Moutenejmet sont très stricts ! Nous ne devons quitter cet endroit sous aucun prétexte. Elle vient régulièrement vérifier si nous obéissons aux ordres. Je ne peux te laisser entrer...

– Je ne le souhaite pas, répondit le scribe.

À ce moment apparut Moutenejmet.

– Que veux-tu ? lui demanda-t-elle.

– Je dois remettre ce message de Nuweiba, princesse du harem, au scribe royal.

– À qui est destinée cette lettre ?

– Au roi ! Je dois la donner en mains propres à son scribe particulier.

– Donne-la-moi. Je m'en chargerai. Tu peux retourner à tes calames.

Le scribe se courba et prit congé de l'épouse du chef des armées.

XXI

Moutenejmet attendit qu'il eût disparu. Puis elle retourna plusieurs fois le message entre ses mains.

– Une lettre de Nuweiba... dit-elle tout bas. Cette femme aurait-elle osé écrire au roi pour se plaindre ?

Comme les gardes semblaient attendre ses instructions, Moutenejmet leur ordonna de demeurer en place.

– Il est hors de question de déranger le roi en ce moment. Restez en poste !

Elle se rendit dans l'aile du palais où se trouvaient son salon et sa chambre. Puis elle s'assit sur un large fauteuil et demanda à ses servantes de la laisser seule.

– Le papyrus est cacheté... Je dois, pourtant, savoir ce qui est inscrit dans ce message.

Elle cherchait des solutions.

– Je vais appeler mon scribe. Il saura peut-être refaire ce cachet.

Mais elle y renonça.

– C'est impossible ! On verra bien que cette lettre a été ouverte ! Comment procéder ?

Ne trouvant aucune solution, Moutenejmet finit par dérouler le papyrus avec nervosité. Elle lut la lettre à la hâte avant de la détailler. Chaque mot la faisait frémir.

– Que signifie tout ceci ? Nuweiba remercie le roi... Toutankhamon lui a donné un domaine à Thèbes !

Mais la suite l'inquiétait davantage.

– Nuweiba enploie des termes que seule la Grande Épouse royale aurait le droit d'utiliser. Pour qui se prend cette petite fille ?

Elle eut, tout d'abord, le geste de détruire la lettre mais elle se souvint qu'il y avait des témoins de son existence.

– Les gardes ou le scribe jaseraient... Mais comment sauraient-ils que le roi n'a pas eu ce message ? Je pourrais le perdre ou l'oublier...

Aucune solution ne lui convenait.

– Jamais le roi ne lira cette lettre ! Maïa aurait peut-être une idée...

Mais elle préféra ne pas la mettre dans la confidence.

– Nuweiba elle-même parlera un jour de ce message de remerciements au roi. Il s'étonnera de ne pas l'avoir lu. Il enquêtera. On lui dira que j'ai pris la lettre et il ne me fera plus jamais confiance.

Elle envisagea même de réécrire elle-même la lettre en supprimant certaines parties.

– Je vais trouver une excuse pour me justifier de ne pas lui avoir donné le message. Je ne suis plus bouleversée par la fausse défaite d'Horemheb. Je dois inventer autre chose !

Moutenejmet n'avait qu'une certitude : le roi ne lirait pas la déclaration de Nuweiba.

– Je dois préparer notre départ. Nous avons organisé pour le roi des parties de chasse et de pêche dont il se souviendra longtemps ! Lui qui adore chasser s'en donnera à cœur joie ! Il en oubliera toutes ses contrariétés. Tous les pharaons ont participé à des chasses exceptionnelles près du Fayoum. Nous irons à Medinet el-

Gourob où Pharaon découvrira des chevaux asiatiques d'une grande vélocité et d'une belle apparence. Il pourra aussi parcourir à cheval les dunes du plateau de Gizeh et se reposer aux pieds du dieu Sphinx comme son ancêtre Thoutmosis IV. Je crois que ce voyage lui en apprendra tellement sur ses ancêtres et sur leur génie qu'il ne songera plus qu'à les égaler. Je souhaite qu'il rentre à Thèbes, la tête haute et pleine de projets.

Moutenejmet rappela ses servantes et se laissa déshabiller après avoir caché la lettre avec précaution.

– Coiffez-moi et enlevez tous ces bijoux ! Mon cher Horemheb doit se reposer sous sa tente alors que je suis confortablement installée dans cette chambre. Il mériterait de se reposer lui aussi. Il a tant servi les rois !

Les servantes l'approuvèrent et louèrent le talent et la puissance d'Horemheb.

– Mon mari devrait bientôt rentrer à Thèbes. Repartira-t-il pour une nouvelle campagne ou profitera-t-il de sa femme ?

– Il faut sans doute faire des concessions lorsqu'on vit avec un si grand général, dit une servante à qui Moutenejmet accordait sa confiance et son amitié.

– Tu as raison, répondit-elle en souriant. Mais je me suis toujours sentie protégée. Je suis beaucoup plus jeune que le chef des armées.

– Qu'importe la différence d'âge ! J'ai moi-même épousé un homme plus vieux que moi qui vivait dans l'aisance et qui se montre très attentionné. Un Égyptien plus jeune n'aurait pas eu ses biens !

– Serais-tu intéressée ? lui dit Moutenejmet en fronçant les sourcils.

– Je crains surtout pour l'avenir. Mes parents m'ont toujours présenté des hommes mûrs et très aimants.

– Des hommes ?

La servante rougit.

– Un homme ! Mais ils en ont évoqué plusieurs devant moi.

– Masse-moi les tempes, lui dit Moutenejmet. Tu sais si bien me relaxer. Si tu fais les mêmes massages à ton mari, il ne partira jamais !

– Qu'il essaye une fois de ramener chez nous une autre femme et je demanderai aussitôt le divorce. J'exigerai ma dot, une partie de sa fortune et une pension alimentaire !

– Quel homme oserait se frotter à toi ?

Moutenejmet renversa la tête et se laissa masser les tempes et le front. Elle ferma les yeux et réfléchit à la lettre de Nuweiba.

– Toi qui connais bien les hommes, dit-elle à sa servante. Que ferais-tu si tu trouvais la lettre d'une rivale soigneusement cachetée destinée à ton époux ?

– Je la lirai aussitôt !

– Si cette rivale déclarait sa flamme à ton mari, la lui donnerais-tu ?

– Je ne suis pas frappée de folie ! Je la brûlerais tout de suite !

– Et si ton époux apprenait plus tard que tu l'as détruite à son insu ?

– Il pourrait prendre la porte !

– Évidemment... Agirais-tu de même si tu détenais la lettre d'une femme qui aimerait l'époux de ta meilleure amie ? Donnerais-tu ce message à cette amie ?

La servante réfléchit. Elle haussa les épaules.

– À chacun ses soucis et ses affaires de famille !

Puis elle ajouta :

– Décidément non. Je crois que je ne donnerais pas cette lettre. Pourquoi ferais-je du mal à mon amie ?

– Tout le monde saurait que tu possédais la lettre et que tu l'as détruite.

– J'avouerais alors que j'ai agi pour protéger mon amie et son couple. Qui me le reprocherait ?

– Protéger... répéta Moutenejmet. N'est-on pas pardonné lorsqu'on agit pour le bien d'autrui ?

Moutenejmet retrouva le sourire.

– Tu m'as beaucoup aidée.

– Mais je ne t'ai rien dit de particulier !

– Répands ce parfum frais sur mes bras et attache mes cheveux. À force de porter des perruques, je les perds... Mais comment faire autrement ? Les perruques nous protègent de la poussière et du soleil.

– Je connais une bonne recette à base d'huile de ricin qui est très efficace pour faire repousser les cheveux.

– J'en aurais bien besoin !

– Veux-tu que j'aille la chercher ? Il en reste dans ma chambre.

– Tu m'en prépareras pour demain. Je voudrais en emporter à Memphis.

– Il t'en faudrait une énorme quantité pour tout le voyage. Je n'aurai peut-être pas suffisamment d'ingrédients !

– Donne-moi ta formule. Je demanderai à mes servantes de m'en préparer à Malqatta.

Comme la suivante faisait la moue, Moutenejmet lui dit en riant :

– Je t'emmènerais bien avec moi. Tu m'es sympathique et tu es pleine de bon sens... Mais je ne suis pas certaine que ton époux te laisserait partir...

– Il ne pourrait s'y opposer mais il serait très malheureux !

– Voilà pourquoi je te demande de me confier ta

recette. Je ne la donnerai à personne d'autre, sois tranquille.

L'Égyptienne était toujours réticente.

– Je ne te comprends pas... Ferais-tu commerce de cette mixture ?

– Oh non, par Horus ! répondit l'Égyptienne. Je garde mes secrets pour plaire aux plus grands.

– Ce qui te donne bien des avantages...

– En réalité, je connais parfaitement les bienfaits que procurent les plantes. Rares sont les femmes qui savent préparer des recettes de beauté aussi variées et aussi nombreuses. J'en suis fière. Elles font ma réputation.

– Et tu reçois ainsi des récompenses qu'envient toutes les femmes de la cour.

– En effet.

– Tu es maligne...

– J'aime mon travail.

– Quel dommage que tu aies ici une maison. Tu serais devenue ma principale servante.

– Tu vas me faire regretter mon foyer et mon époux !

– Prépare-moi cette mixture pour les jours qui viennent. Quand nous repasserons par Akhetaton, à notre retour, tu m'en donneras encore. D'ici là, tu pourras y songer et te procurer tous les ingrédients nécessaires !

– J'essaierai...

– Si tu parviens à me convaincre et si tes recettes de beauté sont vraiment efficaces, je t'enverrai régulièrement un messager qui me rapportera ce dont j'aurai besoin.

– Dans ce cas, je te ferai essayer des masques contre les taches de soleil, des masques contre les rides, des masques pour rendre les cheveux plus nerveux et plus gonflants, des crèmes apaisantes...

– Pourquoi pas ? Convaincs-moi et tu ne le regretteras pas !

La servante ne cessa de lui parler de son père qui lui avait appris les bienfaits des plantes.

– Tu comprends, Vénérable Moutenejmet, il était crétois ! Connais-tu de plus grands connaisseurs en ce domaine ?

– Ton père était donc crétois ? Mais pourquoi est-il venu vivre ici ?

– Ses propres aïeux étaient si réputés que la Grande Épouse royale, femme de Thoutmosis Ier, les avait fait venir à la cour égyptienne. On raconte même que l'un d'eux était devenu très proche de la reine.

– Tu appartiendrais à cette famille ?

– Oui. Mais comment la connais-tu ?

– L'histoire égyptienne m'intéresse. Nous tirons des leçons de nos ancêtres. Je crois savoir que l'un de tes aïeux, devenu célèbre, avait révélé un complot ourdi contre le roi...

La servante rougit.

– Quelle preuve de courage et de dévouement ! Nous savons qu'il était très dévoué à la reine Ahmose et qu'elle y était très attachée.

– On donne bien d'autres détails...

– Les langues s'agitent souvent en pareille occasion.

– Je crois, pourtant, savoir que ce Crétois regrettait son pays et sa mère, qui vivait dans l'île.

– Toute ma famille aime la Crète. Mon père n'a, cependant, pas hésité à venir, lui aussi, en Égypte, à la demande de deux médecins royaux qui avaient besoin de ses potions. Il prépare mieux que personne la fève qui guérit tout.

– Je connais la fève crétoise. Elle est très efficace.

– Sans ma famille, vous ne l'auriez jamais testée !

Moutenejmet regarda sa servante d'une tout autre façon.

– Tu es née dans une famille savante et respectable. Tu mérites de t'élever dans l'échelle sociale. Tes dons et tes connaissances sont précieux.

– Tu ne doutes plus maintenant de mon savoir ?

– Non. Tes ancêtres te l'ont heureusement transmis. As-tu des frères et sœurs ?

– Non. Mon frère est mort de la peste. Lui aussi connaissait les vertus des plantes.

– Tu es donc la seule à pouvoir transmettre tout cela aux futures générations. Pourquoi refuses-tu de les dicter à un scribe ? Nous les regrouperions dans plusieurs recueils et les garderions à l'abri de la poussière et de l'humidité. En échange, je te donnerais beaucoup d'or. Tu n'aurais plus besoin de supporter un vieux mari !

La servante éclata de rire.

– Crois-moi... J'ai pour lui beaucoup d'affection. Il me rend heureuse et je ne souhaite pas le quitter.

– Rapporte-moi tout ce dont nous avons parlé. Je suis très lasse. Je vais dormir. Si jamais les gardes de Toutankhamon se présentent ici, préviens-moi aussitôt. N'hésite pas à me réveiller.

La servante se retira après avoir embrassé les genoux de Moutenejmet.

– Je suis comblée d'avoir pu parler de mes aïeux. J'en suis tellement fière !

– Et tu as raison. J'ai découvert parmi mes suivantes une femme intelligente et cultivée. Que les dieux te protègent. Réfléchis à mes propositions. Si tu les acceptes, tu seras très riche ! Tu seras servie par des dizaines de domestiques. Tu auras un immense domaine. Tu cotoieras les plus grands de ce pays. Tu seras reconnue pour ton talent.

La servante promit d'y penser. Comme elle ouvrait la porte pour s'éclipser, Moutenejmet la rappela.

– Tu ne m'as pas dit ton nom...

– Kallistheia en souvenir de mon illustre ancêtre Kallisthès.

Tout en parlant avec sa servante, Moutenejmet avait réfléchi aux paroles qu'elle souhaitait prononcer devant les femmes du harem qui se rendraient à Thèbes.

– Inutile d'être longue. Je dois seulement parler fermement et clairement.

Elle se regarda dans le miroir et décida d'en finir avec cette dernière corvée.

Quand elle arriva dans le harem, toutes les femmes s'apprêtaient à se coucher après avoir préparé leurs coffres.

– Réunis celles qui doivent partir bientôt pour Thèbes, ordonna-t-elle au chef du harem.

Surpris par une visite aussi tardive, l'Égyptien s'exécuta. Les femmes furent, elles aussi, très étonnées par la présence de Moutenejmet qu'elles connaissaient mal. L'épouse d'Horemheb chercha Nuweiba des yeux et fit remarquer au chef du harem qu'elle était absente.

– Nuweiba doit dormir...

– Réveille-la !

Après quelques instants pendant lesquels Moutenejmet montra son impatience, la Nubienne se joignit à ses compagnes.

– Tu m'as fait attendre, Nuweiba.

– Je n'ai guère l'habitude de recevoir des ordres, répondit la Nubienne avec arrogance. Je suis une princesse respectée dans mon pays. Depuis que je vis en

Égypte, je ne cesse de recevoir des ordres. On me dérange même dans mon sommeil...

– Agenouillez-vous et saluez la sœur de Néfertiti, épouse du grand chef des armées ! dit Moutenejmet.

Toutes les filles s'exécutèrent.

– Maintenant, écoutez-moi bien. Le peuple adore le couple royal. Le roi et la reine vont redresser notre pays, organiser des expéditions et des campagnes, faire reconstruire les temples de tous les dieux et restaurer les chapelles sacrées. Leur tâche est importante et déterminante pour l'avenir de l'Égypte.

Moutenejmet fit une pause pour s'assurer que les filles l'écoutaient attentivement. Apeurées, celles-ci levaient à peine le regard vers elle.

– Toute personne qui tentera de détruire l'ordre de Maât sera immédiatement exécutée ! Même si l'une de vous tente de séduire le roi ou de lui donner un héritier pour prendre la place de la reine, elle sera punie pour trahison.

Les femmes poussèrent des exclamations. Toutes savaient que Moutenejmet les menaçait de mort.

– Je constate que mes paroles ont été comprises, ajouta la femme d'Horemheb. Le roi peut rendre visite à vous toutes. Faites en sorte de ne pas le retenir et de ne pas le séduire. Lui présenter un visage agréable, vous habiller avec volupté, vous maquiller comme les danseuses, vous parer de bijoux fait partie de votre travail. En revanche, parler d'amour au roi, lui donner des fils à son insu, concurrencer la reine sont des actes répréhensibles.

La plupart des femmes tremblaient. Elles auraient préféré vivre à Akhetaton afin de ne pas être exposées.

– Ne craignez rien. Si vous restez à votre place, tout se passera bien. Le roi a besoin d'un harem et il est très heureux de vous rencontrer. Toutankhamon est jeune et doit en profiter. Cependant, l'équilibre de l'Égypte est prioritaire !

Après avoir prononcé ces mots, Moutenejmet regarda Nuweiba. Celle-ci bâillait et ne semblait pas concernée par ce discours. Aussi Moutenejmet la prit-elle à partie.

– Nuweiba ! Ces paroles s'adressent à toi au premier chef !

– À moi ? s'étonna faussement la Nubienne.

– Ne te moque pas de nous. Sinon, tu le regretteras. Je n'hésiterai pas à t'écarter pour protéger la reine et la famille royale.

La Nubienne ne semblait nullement impressionnée. Toutes les têtes se tournèrent, pourtant, vers elle.

– Bien, Vénérable, répondit-elle en se relevant la première.

Mais Moutenejmet doutait que son discours ait atteint son but. « Cette fille est pire que la peste, se dit-elle. Elle n'abandonnera jamais ! »

XXII

En quittant l'embarcadère d'Akhetaton, Moutenejmet était consciente que la ville serait de plus en plus déserte. Des hommes talentueux comme Thoutmès avaient reçu l'ordre de gagner Thèbes au plus tôt. Elle avait précipité le départ de Toutankhamon pour Memphis en espérant qu'il n'ait pas le temps de rencontrer Nuweiba.

Surprise par un départ aussi rapide, la Nubienne, qui attendait un signe de Pharaon, avait assisté sans pouvoir intervenir à l'embarquement des hommes dans les vaisseaux royaux. Elle s'étonnait, après son message, que le roi ne lui ait pas adressé une réponse. Aussi appela-t-elle le scribe qui lui jura avoir fait correctement son travail.

– Pharaon a-t-il lu la lettre devant toi ?

– Non. Il ne pouvait être dérangé.

– Tu as donc remis mon message à son scribe personnel.

– Pas tout à fait...

– J'avais pourtant été claire !

– La Vénérable Moutenejmet passait devant sa porte à cet instant. Elle a eu la gentillesse de prendre le message et de le donner elle-même au roi. Tu ne pouvais avoir de meilleure messagère.

– Peut-être... Je t'avais donné des instructions précises...

– Fallait-il que je désobéisse à un personnage aussi important que Moutenejmet ?

– Non, bien sûr...

Le roi et la reine s'étaient attardés à Akhetaton plus longtemps que prévu. Ils avaient même décidé de faire une étape de plusieurs mois dans la ville de leur père à leur retour de Memphis. Toutankhamon gardait encore l'espoir de réconcilier les deux principaux clergés d'Égypte. Mais Moutenejmet n'y croyait guère. Les prêtres d'Amon resteraient toute leur vie hostiles aux prêtres d'Aton sauf si ces derniers acceptaient de se convertir. Les fonctionnaires qui avaient été les plus dévoués à Akhenaton préféraient rester dans la ville du dieu solaire de peur d'être agressés à Thèbes. Ils avaient leur domaine dans la nouvelle cité et ne comptaient pas l'abandonner.

En revanche tous ceux qui avaient, autrefois, vécu à Thèbes souhaitaient y revenir. Les citoyens avaient également fait leur choix depuis longtemps.

– Dans quelques mois, cette ville sera triste. On y verra errer des fonctionnaires sans fonction et des prêtres sans pouvoir. Dès que le roi quitte la ville, celle-ci retombe dans le silence et l'ennui. Comment sera-t-elle lorsque tous ses habitants l'auront quittée ?

Maïa regardait, elle aussi, avec mélancolie les rivages du Nil. Bien qu'elle préférât Thèbes à Akhetaton, elle laissait dans cette cité des souvenirs inoubliables.

– Même Thoutmès refuse d'emporter les bustes de Néfertiti. Il préfère oublier et quitter la cité à jamais.

– Un papyrus se referme, Maïa. Nous allons avoir tout

le temps de penser à l'avenir et de décider notre jeune couple à avoir des enfants. Pourquoi notre roi ne profiterait-il pas de ce voyage pour faire des héritiers ? Nous arriverons bientôt dans le delta où les pêcheurs recueillent sur leur embarcation de papyrus, dans des filets habilement disposés, des dizaines d'oiseaux. Toutankhamon ne résistera pas à prendre son arc et ses flèches. Ankhesenamon l'accompagnera dans les marais. Elle contrôlera, comme autrefois, le tranchant des pointes en bois. Elle attirera les canards avec un leurre.

– Cela changera le roi de la chasse à l'autruche.

– Les deux époux auront suffisamment de distractions pour se réunir et partager leurs loisirs. Je compte beaucoup sur ces jours paisibles. Toutankhamon a tout supervisé avant de quitter le palais. Aÿ s'occupe d'envoyer chercher du bois en Asie, de rassembler les tributs et Horemheb de montrer à tous combien notre pays est grand. Toutankhamon peut songer à ses fils.

– Et à sa tombe, ajouta Maïa.

– En effet... Crois-tu que le roi y ait déjà pensé ?

– Oui. Je sais très exactement ce qu'il souhaite.

Moutenejmet fut étonnée.

– Il veut être enterré près d'Aménophis III dans la partie ouest de la Vallée.

– Il y a là la tombe inachevée d'Akhenaton... Celle qu'il avait fait creuser avant de partir pour Akhetaton...

– Toutankhamon a choisi cette tombe pour lui. Les ouvriers ont commencé à y travailler tranquillement depuis quelques semaines. Pourquoi se hâter ? Toutankhamon est si jeune ! Un architecte du roi a déjà établi les plans. Il en a parlé avec le responsable de la nécropole. Même l'entrée a été tracée. Les tailleurs de pierre vont pouvoir commencer leur travail.

– Que veut le roi ? Tu m'as l'air bien informée !

– Je le suis. Il veut un couloir en pente assez large et qui permettrait d'accéder à une chambre funéraire rectangulaire et spacieuse. Une salle à piliers.

– Le roi n'a pas de grandes ambitions.

– Ceux qui sont chargés de lisser la surface des murs et ceux qui s'occuperont de la décoration pourront ainsi commencer tôt. Le pharaon mettra les meilleurs artistes du Village des ouvriers sur ce chantier.

– Il faudrait aussi que les tombes des fonctionnaires reflètent le règne de Toutankhamon car, à n'en pas douter, le roi va mûrir et seconder habilement Aÿ.

– Quelques proches ont déjà commencé l'ornementation de leur tombe comme Houy. Le vice-roi de Koush veut absolument reproduire la grandeur du roi qu'il aime tant.

– Grâce à lui et à Horemheb, l'or, l'ivoire, l'ébène, les peaux de bêtes sauvages continuent à affluer à Thèbes. Houy mérite une tombe magnifique.

– Même s'il a offert la Nubienne au roi ?

– C'est sa première erreur.

Moutenejmet alla s'asseoir sous un dais.

– Bien ! Tout est prêt pour accueillir les héritiers du trône ! Un médecin suivra la grossesse d'Ankhesenamon. Je veux qu'il soit choisi parmi les médecins de la cour mais qu'il soit assisté d'un prêtre compétent. Les prêtres sont souvent plus savants en médecine que les médecins eux-mêmes. Ce sont de véritables guérisseurs.

– Un peu sorciers...

– Qu'importe du moment qu'ils sont efficaces.

Têtue, Moutenejmet ne perdait pas de vue ses objectifs.

– Nous avons précisément avec nous deux médecins parmi les meilleurs. Voilà pourquoi je pense que la reine pourrait être enceinte pendant ce voyage. Je suis soulagée. Le roi avait l'air, ce matin, très amoureux de ma nièce. Je ne les avais pas vus si proches depuis longtemps. J'avoue, chère Maïa, que je reprends confiance en moi. Je constate que le clergé, l'armée et la cour vont de nouveau s'aider et favoriser l'expansion de l'Égypte d'un commun accord. Finis les déchirements et les haines ! Les temples d'Amon vont accueillir des processions extraordinaires dès notre retour. Tous les marchands, les étrangers, les marins viennent déjà aux abords des temples pour discuter, faire du commerce, honorer le dieu thébain.

– En partant, nous entendions du bateau les coups des instruments des ouvriers sur la pierre. Les cours et les murs seront restaurés et ornés avec talent. Plus personne ne distinguera les dégâts causés par Akhenaton lorsque la restauration sera terminée.

– Le roi a même fait ajouter du bronze sur les portes. Les prêtres d'Amon sont plus nombreux. Ils ouvrent chaque matin les temples, présentent leurs offrandes de pâtisseries, de bière et de fruits et répandent parfums et onguents sur la statue d'Amon. Leurs hymnes s'entendent au loin car ils chantent avec joie leur amour pour Amon, leur reconnaissance d'être protégés par un Seigneur tout-puissant extrêmement indulgent qui sait écouter.

– En partant, j'ai également entendu les prêtres réclamer de l'huile sacrée et du lin dans les ateliers proches des temples. Des salles entières sont remplies de vivres. Les animaux étaient consciencieusement choisis pour les sacrifices.

– Si Maya réussit à faire venir à Thèbes tous les tributs qui nous sont dus, l'Égypte sera de nouveau riche.

– Il pourra ainsi débloquer des fonds pour la construction du temple de millions d'années de Toutankhamon et pour ceux qui entretiendront son domaine et recevront des terres. Les produits de ce domaine permettront l'entretien du temple pour l'éternité et chacun se souviendra du roi !

– S'il dirige un jour l'armée égyptienne, le roi pourra reproduire son exploit sur les murs de ce temple. En attendant, notre jeune couple a l'avenir devant lui. Prions pour que la reine donne naissance à de robustes gaillards !

Les deux femmes ignoraient quelle était la dernière préoccupation du roi qui était, pourtant, fondamentale et qui n'allait pas plaire à tout le monde.

Heureux de la nuit qu'il avait passée auprès de son épouse, Toutankhamon chantonnait.

– Nous passerons plusieurs semaines à Akhetaton à notre retour, dit-il à Ankhesenamon qui n'avait de regard que pour son époux. Je ne veux pas que tous ces habitants quittent rapidement leur cité pour nous suivre à Thèbes. La ville ne doit pas se transformer en chaos...

– Hélas, roi, j'en ai parlé avec Maou qui ne se montre guère optimiste. Après le départ de ces dizaines d'Égyptiens, la ville sera triste, envahie par les pillards et les bêtes sauvages.

– Voilà pourquoi j'ai décidé de ramener le corps de notre père à Thèbes.

Ankhesenamon faillit s'étouffer. Elle devint rouge et se fit éventer.

– Toutankhamon ! Il est impossible de transporter la momie de notre père dans l'Égypte actuelle !

– Et pourquoi donc ?

– Il ne faut pas le séparer de sa famille. Celle-ci l'aimait. Les princesses, mes sœurs chéries, doivent rester auprès de leur père !

– Ma décision est arrêtée !

– Mais les prêtres d'Amon haïssaient Akhenaton. Les

Thébains tenteront de s'emparer de sa momie et de la détruire ! Même si tu enterres notre père au plus profond de la Vaste Prairie, il n'échappera pas à la vengeance d'Amon ! En outre, tu soulèveras la colère de tous en commettant pareille action. Le clergé d'Amon a été difficile à convaincre. Il a maintenant confiance en nous. Il se rapprochera encore de la famille royale lorsque nous fêterons à notre retour les cérémonies d'Opet. Tu as vraiment choisi le plus mauvais moment. Aucun conseiller ne t'approuvera.

– Je n'ai que faire des conseillers ! Mon père sera enterré près de ses ancêtres, dans le plus grand secret s'il le faut.

La reine se mit à trembler de tous ses membres. Comme ils étaient assis sous un dais central et qu'ils étaient éventés par deux Nubiens, elle se rapprocha de lui et parla très doucement. Le bruit des rames frappant l'eau et les ahanements des rameurs couvraient sa voix. Elle s'empara du bras de son époux et le serra très fort contre sa poitrine.

– Toutankhamon, pharaon adoré, je t'en supplie de tout mon *ka*, ne commets pas pareille folie. Le peuple et le clergé ne nous le pardonneront pas. Nous perdrons notre belle popularité acquise si difficilement. Les ouvriers se mettront en grève.

– Dans ce cas, j'agirai dans le plus grand secret. Ne crains, rien, douce Ankhesenamon, je ne ferai jamais rien qui puisse te nuire ou nuire à ta petite fille.

Sachant combien il était impossible de garder un secret à la cour, la reine se jura de tenir Aÿ au courant pour qu'il pût intervenir. Depuis qu'elle avait appris le départ de Nuweiba pour Thèbes, la perspective de rester plusieurs semaines à Akhetaton ne lui déplaisait pas. Elle aurait ainsi plus de temps pour faire oublier la Nubienne au roi.

XXIII

Le vizir était en train de surperviser des actes concernant l'attribution des terres à Nuweiba, l'installation de nouveaux fonctionnaires à la cour de Malqatta, les bilans d'Horemheb, des prêtres de Karnak et des administrateurs des nomes qui lui étaient envoyés régulièrement lorsqu'il apprit le retour imminent du roi à Thèbes.

– Maître, Toutankhamon Horus d'or a quitté Akhetaton depuis plusieurs jours. Il arrivera bientôt à Malqatta, lui apprit un messager royal.

– Enfin ! dit le vizir.

Il se leva promptement et avec dignité pendant que le messager se couchait devant lui. Sans même le regarder, le vizir se rendit aux abords du domaine. Là, des pâtissiers sortaient leurs gâteaux du four ; des cordonniers réparaient des sandales ; des bouchers découpaient de la viande ; des Égyptiens se faisaient raser sur le bord des chemins ; des marchands de voiles aux mille couleurs riaient avec ceux qui préparaient le thé à la menthe.

Les gardes qui l'encadraient le suivirent de près.

– Il faudra fermer cette taverne, dit-il en passant près

d'une boutique bruyante. On y sert trop de bière et de vin !

Puis, tout en marchant, il fit signe à son scribe qui suivait également de venir à sa hauteur.

– Je veux que les chiens de pharaon – bassets, sloughis et chiens de meute – soient correctement brossés. Qu'on leur mette des colliers en pierres semi-précieuses. Je veux que les tentures du dais sous lequel le roi reçoit les ambassadeurs soient secouées ! Il faudra également préparer le matériel de chasse de Pharaon, aiguiser ses flèches et vérifier l'état des roues des chars qui transportent les chasseurs et les bêtes.

Le vizir revint sur ses pas et réclama son char. Il se trouva vite aux portes de Thèbes qu'il dépassa. Quelques palmiers et des sycomores agrémentaient la pauvreté des demeures en argile. De vieilles femmes aux dents gâtées par les poissons séchés au soleil et leurs petits-enfants en haillons levaient la tête en voyant passer le char éclatant du vizir. Longeant un terrain vague envahi par des chiens maigres en quête de nourriture, il arriva au verger royal.

– Faites ramasser des dattes et des grenades ! dit-il.

Le verger tranchait avec la pauvreté environnante. Des domestiques n'en finissaient pas de puiser l'eau aux chadoufs afin d'irriguer le verger en permanence. Sur un canot, des pêcheurs lancaient des fils pour attraper quelques perches. Les champs s'étendaient largement, mêlant la couleur de l'orge et celle du blé dans des parcelles parfaitement entretenues le long desquelles coulaient les canaux.

Le vizir accrut la vitesse de son char afin de ne pas être apostrophé par les paysans qui avaient toujours une requête à formuler. Lorsqu'il approcha d'un petit étang où venaient se désaltérer les bêtes sauvages des montagnes voisines, il ralentit l'allure et retrouva bientôt le chef de meute de Toutankhamon.

Celui-ci fut extrêmement étonné de le voir. Mais, passé le premier effet de surprise, il comprit la raison pour laquelle le vizir s'était déplacé en personne.

– Pharaon rentre à Thèbes, dit-il en souriant.

– Oui. Soit discret à ce sujet.

– Les exploits du roi me manquent ! Il sait tellement bien chasser ! Il prend un tel plaisir à attraper les bêtes !

– Écoute-moi bien. Je veux que les piqueurs, les responsables des pièges, les rabatteurs, les veneurs soient prêts au cas où le roi souhaiterait partir chasser dans les montagnes le jour même de son retour.

– Tu as raison de me prévenir car ils se sont quelque peu endormis pendant ces longs mois où le roi s'est absenté. Nous ne pensions pas que Toutankhamon resterait si longtemps éloigné de Thèbes. Pharaon n'a pas besoin de lasso, de filets ou de pièges pour prendre les bêtes. Son arc et sa lance suffisent !

– J'ai l'intention de faire un cadeau à la reine pour fêter son retour. Attrape une gazelle mais ne la tue pas. Rapporte-la-moi au palais dès que possible. Ce sera le nouvel animal de compagnie d'Ankhesenamon. Si elle le souhaite, elle pourra ainsi l'offrir à son enfant.

– Me permets-tu de ramener à Pharaon un singe bleuté ?

– Si tu veux.

– Pharaon les adore.

– Il y en aura un de plus au palais !

– Depuis que le roi est parti et que personne ne va chasser aussi loin dans le désert, les fauves reviennent aux abords de Thèbes.

– Toutankhamon aura tôt fait de les chasser !

– Tant mieux, par Horus, car les paysans ne sont

guère rassurés près d'ici. Ils ont repris leurs armes. Les bêtes s'approchent des fermes. Certaines sont très dangereuses.

– Il fallait me le signaler. Je vais t'envoyer quelques soldats qui te permettront de repousser les animaux dans le désert.

– Je suis sûr qu'Ankhesenamon l'accompagnera comme elle le faisait habituellement. C'est elle qui indique au roi où se trouvent les oiseaux camouflés dans les roseaux des étangs et où se dissimulent les canards.

– Garde pour toi ce que je vais te dire. Je crois que la reine attend un enfant. On dit qu'elle est déjà très grosse et qu'elle se fatigue vite.

Le regard du chef de meutes brilla.

– Quel bonheur ! Voilà un couple béni des dieux !

– N'oublie rien ! dit le vizir en pointant son doigt osseux vers l'Égyptien. Je dois retourner au palais.

L'inférieur se coucha et embrassa la poussière tandis que le char du vizir, conduit par un jeune cocher, partait à toute allure vers Malqatta.

*
**

Quand la reine, manifestement enceinte, revint à Thèbes, tous les Égyptiens l'applaudirent et se réjouirent. Comme l'accouchement n'était pas prévu dans l'immédiat, Toutankhamon donna de grandes fêtes et retrouva Horemheb avec joie. Celui-ci lui conta comment il avait défait les Nubiens et les Libyens.

– Je dois, cependant, retourner en Nubie, dit-il à Toutankhamon. Je veux m'assurer que les feux sont bien éteints.

– Je vais venir avec toi, lui répondit le roi.

– Toi ? Mais tu rentres tout juste de voyage. Tu dois régler des affaires administratives.

– Aÿ me supplée à merveille. Un pharaon doit se montrer à la tête de son armée.

– Dans ce cas, je te suivrai avec plaisir. La Nubie n'est plus dangereuse mais les Égyptiens ne le savent pas nécessairement. L'important est que tu partes en campagne.

– Le conflit ne me fait pas peur, Horemheb ! Inutile de m'épargner. Je veux seulement aller là où mes ancêtres ont fait construire des temples et établi des cultes. Je reverrai Houy avec bonheur. J'aimerais plus tard partir en Asie avec la reine. Les artistes pourront ainsi me représenter sur mon char, la taille entourée des rênes de mes chevaux, en train de tirer de l'arc. Que mes bagues, mes coffres, mes chars montrent alors Pharaon au combat ! Les dieux me tranformeront en sphinx et en animal sauvage pour lutter contre l'ennemi. La magnifique trompette en argent que m'a donnée Houy donnera le signal du combat. Tout le long de notre parcours, des bornes signaleront nos victoires et s'il n'y a pas lieu de faire la guerre, ce que je souhaite car je préfère la paix comme mon cher père Akhenaton, je visiterai la Nubie et y resterai quelque temps.

Horemheb, qui n'avait pas profité de l'absence du pharaon pour tenter de prendre le pouvoir à la tête de l'armée, vit une nouvelle occasion de supprimer le roi. « Moutenejmet ne m'aurait jamais pardonné d'avoir agi en traître mais un accident est si vite arrivé au combat... Personne ne m'accusera d'assassinat. Nous pleurerons notre roi et nous envisagerons sa succession. »

– Les Asiatiques osent encore voler des chariots remplis d'or, piller les champs et les maisons et attaquer nos escortes. Tous n'ont pas payé leurs tributs. Ils ont toujours d'excellentes raisons pour repousser les échéances et Maya est furieux. Certains vendent leur bois à leurs voisins au lieu de nous le fournir. Voilà pourquoi je compte bien aller en Asie et combattre réellement !

– Tu es maigre et souvent souffrant, roi. Laisse-nous régler ces problèmes.

Mais, en prononçant ces mots, Horemheb savait qu'il aiguiserait l'intérêt du roi et qu'il soulèverait son orgueil.

– J'irai en Asie, répondit fermement Pharaon.

Le général eut un sourire en coin, éloquent et cruel.

– Mais, avant tout, reprit Toutankhamon, je vais fêter Amon et préparer la fête d'Opet.

Aÿ avait adressé depuis des semaines de nombreux messages aux Égyptiens et à leurs alliés. Pour l'une des plus importantes fêtes d'Amon, tous les ambassadeurs étaient tenus de répondre favorablement au roi.

– Ils découvriront que la reine aura bientôt un enfant !

– Le moment est bien choisi, reconnut Aÿ.

Tous les artistes du palais étaient occupés. Thoutmès, bien installé dans son nouvel atelier, plus vaste et plus lumineux que celui d'Akhetaton, n'avait plus le temps de regretter sa vie en Moyenne Égypte auprès de Néfertiti. Les commandes affluaient. Pour les fêtes qui se succédaient, le roi lui réclamait des statues d'Ankhesenamon et de lui-même. Il lui avait également parlé de stèles qu'il désirait placer à Karnak.

– Les prêtres d'Amon sont de plus en plus exigeants. Ils veulent sans cesse des preuves de notre bonne foi envers Amon.

– Je comprends leur démarche, expliqua Aÿ. Le clergé

a été persécuté et délaissé pendant de nombreuses années. Comment y remédier ?

– Les prêtres veulent un décret officiel qui serait exposé à la vue de tout le monde.

– Quel meilleur endroit que Karnak ?

– Je dois jurer qu'ils retrouveront tous leurs privilèges.

– Es-tu d'accord ?

– Bien sûr.

– Pourquoi ne ferais-tu pas graver ce texte sur les murs de ton temple de millions d'années ?

– Mais il est à peine commencé...

– Le texte est primordial.

– Les prêtres me l'ont presque dicté !

– Je les reconnais là ! Et que veulent-ils voir inscrit dans la pierre ?

– Que je ferai construire des chapelles pour tous les dieux, que je veillerai à ce qu'il y ait chaque jour des officiants pour donner des offrandes aux divinités, que je choisirai de préférence les serviteurs des dieux parmi les Égyptiens les plus riches et les plus célèbres des villes, que je placerai dans les ateliers les prisonniers d'Horemheb, que je donnerai beaucoup plus de dons aux dieux...

– Tu as déjà multiplié les cadeaux par trois ! Tu as offert des pierres semi-précieuses, de l'or, de l'huile, de l'encens très pur, des tuniques en lin...

– Je te l'ai dit : les prêtres désirent davantage. Ils veulent encore et toujours des dons. Ils souhaitent également que les musiciennes et les danseuses du palais soient données au dieu Amon.

– Les dieux pourront ainsi t'offrir l'éternité, la vie et la santé ! Tu vas céder à tous ces désirs ?

– Que ferais-tu à ma place, divin Père ?

– Je leur donnerai ce qu'il demande. Horemheb a suffisamment rapporté d'or et de turquoise de ses campagnes pour satisfaire les dieux. Mais tu dois en profiter pour t'affirmer davantage et pour accroître ton prestige. Puisque le clergé d'Amon est exigeant, sois-le également ! Fais-toi ériger des statues magnifiques.

– J'ai déjà commandé une statue en granit gris à Thoutmès.

– Tu as compris... La fête d'Opet sera l'occasion de te glorifier à la face du monde.

XXIV

Pour la fête d'Opet, tous les bâtiments de Malqatta avaient été nettoyés. Des roitelets, des ambassadeurs, les vizirs, les hauts fonctionnaires, les responsables des nomes attendaient avec impatience les journées qui honoreraient Amon.

Le couple royal se présenta à l'aube dans ses plus beaux atours. Monté dans un char rutilant d'or, il défila tranquillement au milieu de la haie de Thébains contrôlée par des policiers du palais jusqu'aux villages les plus proches. Le peuple, qui avait déjà reçu des dons, acclama Toutankhamon et Ankhesenamon. La fille de la reine avait été placée entre eux deux. Elle regardait de ses grands yeux toute cette foule qui lui plaisait et souriait sans cesse. Elle était si heureuse de retrouver sa mère qu'elle en oubliait toutes les recommandations de sa nourrice.

– Attention, lui dit Ankhesenamon en se penchant pour l'embrasser. Tiens-toi bien à la caisse du char sinon tu risques de tomber et de te faire très mal.

La reine avait tenu à rester debout pendant ce défilé malgré les conseils des médecins.

– Ce ne sera pas long, leur avait-elle assuré. Ensuite,

nous embarquerons pour faire la tournée des temples de millions d'années. Je serai assise sous un dais.

La reine ne voulait pas montrer sa fatigue pendant cette journée exceptionnelle car elle savait que le clergé d'Amon serait définitivement conquis par l'attitude du couple royal, très observé. Moutenejmet s'inquiétait, pourtant, pour sa nièce qu'elle n'avait jamais vue aussi lasse. Maïa la rassurait en lui disant qu'elle était jeune et robuste.

Après avoir pris un bain de foule et avoir longuement salué les Égyptiens heureux de retrouver le roi, le couple royal embarqua dans un vaisseau à la poupe et à la proue dorées en forme d'animal. Les courtisans les suivirent. Le défilé aux temples de millions d'années des anciens rois commença. Comme la statue du dieu Amon avait été sortie du temple de Karnak et que la barque sacrée, transportée par une autre barque en bois de cyprès, rejoignait les embarcations des membres de la famille royale, Toutankhamon attendit son arrivée. Puis il débarqua et rendit hommage à Aménophis Ier et à Ahmès-Néfertari qui avait été enterrée non loin des fonctionnaires. Afin de saluer la reine qui avait été divinisée et qui était considérée comme une déesse par les ouvriers du Village des artisans, Toutankhamon avait décidé, sur le conseil d'Aÿ, de gagner la place de l'Équité et de la Paix pour donner des offrandes à la grande Ahmès-Néfertari.

Non loin de là se trouvait le cirque de Deir el-Bahari. Il était inconcevable de ne pas s'y arrêter pendant la fête d'Opet. Aussi le roi suivit-il les Grands prêtres de Karnak qui avaient décidé de débarquer le vaisseau sacré et la statue du dieu.

– Je veux absolument t'accompagner, insista Ankhesenamon.

– À chaque étape, je dois, sous ce soleil brûlant, multiplier les encensements et faire des stations pour que mes porteurs d'offrandes se reposent. Jusque-là tu as préféré rester dans le bateau à l'abri de la chaleur. Le peuple et les prêtres pardonneront ton absence.

– La cérémonie en l'honneur d'Amon dans le sanctuaire sacré du temple d'Hatchepsout est si importante que je ne conçois pas de rester un seul instant assise sous ce dais !

Comprenant que la reine ne changerait pas d'avis, Toutankhamon demanda à ses servantes de l'aider.

– Tu seras portée sur cette chaise et tu seras abritée grâce à ces larges parasols.

Moutenejmet et Maïa se précipitèrent pour aider la reine. Des gardes avaient été disposés dans les monts de l'Assassif, tout autour des temples d'Hatchepsout, de Thoutmosis III et de Montouhotep II, construits les uns à côté des autres. Ils surveillaient une éventuelle attaque qui pourrait survenir au moment où le couple royal ferait les gestes traditionnels en l'honneur d'Amon.

Le cortège s'avança vers l'allée de sphinx qui précédait les terrasses. Puis il monta vers la troisième, la plus haute, d'où l'on pouvait voir, par temps clair, le temple de Karnak, situé juste en face, sur la rive est. La barque du dieu fut déposée dans le sanctuaire sacré creusé dans la montagne au fond de la salle hypostyle où l'on reconnaissait encore quelques statues d'Hatchepsout. Elle fut placée sur un bassin entouré de torches qui brûleraient jusqu'au matin. Les incantations et les hymnes se succédèrent pour le bonheur des prêtres d'Amon.

Les Égyptiens avaient, eux aussi, accédé aux abords du temple et rendaient hommage à leurs disparus. Ils avaient préparé des festins et ne cachaient pas leur joie.

– Grâce à toi, Pharaon, dit l'un des Grands prêtres de

Karnak, la fête d'Opet est enfin à l'honneur. Nous savons, désormais, que tu ne reviendras pas sur ta parole et que tu honoreras toujours Amon.

Les prêtresses agitèrent les sistres tandis que des danseuses montraient toute leur souplesse au bas des terrasses. La barque divine à la proue en forme de béliers d'or dont les yeux rutilaient de pierres précieuses soulevait l'émerveillement du peuple. En l'absence du roi, Aÿ avait eu l'idée de la faire restaurer et repeindre. Il y avait fait ajouter des pierres de toutes les couleurs si bien que les Égyptiens n'avaient jamais vu l'embarcation d'Amon aussi belle. Trop fragile et trop précieuse pour naviguer directement sur le Nil, elle était, comme autrefois, transportée par un vaisseau plus modeste mais effilé et rapide que l'on reconnaissait de loin.

– J'ai cru comprendre que chaque année le dieu Amon ira de son temple de Karnak dans celui de Louxor, dit Toutankhamon au Grand prêtre. Cette première sortie n'était qu'un prélude à tous les hommages que le dieu de Thèbes recevra de ma part.

Pendant plusieurs jours, les Égyptiens mangèrent et burent abondamment. Ils passaient leur nuit à chanter. Le jour, ils dormaient et travaillaient tranquillement. Les commerçants n'avaient jamais vendu autant de viandes, de grillades, de poissons, de légumes et de desserts. Ceux qui ne s'étaient pas rendus à Akhetaton et avaient survécu avec peine pendant une vingtaine d'années n'en croyaient pas leurs yeux. Ils allaient gagner en quatre jours plus qu'ils ne recevaient en un an.

Après ces réjouissances pendant lesquelles Toutankhamon se sentit véritablement devenir Pharaon, Aÿ félicita avec chaleur le roi.

– Quelle émotion j'ai ressenti ! avoua le roi.

– Tu es pourtant resté digne.

– Tu m'as appris qu'un pharaon ne devait jamais montrer ses sentiments. Mais je n'ai jamais été aussi flatté ni aussi honoré de ma vie.

– Tu as su saisir le bon moment pour t'imposer. Tu n'as plus qu'à poursuivre ainsi et tu auras acquis le cœur des Égyptiens et des prêtres.

Aÿ avait attendu la fin des fêtes d'Opet pour s'entretenir avec le roi d'un sujet plus grave.

– Ankhesenamon m'a parlé... dit le Père divin.

– Elle a été si courageuse !

– Moutenejmet m'a appris qu'elle avait été bien souvent sur le point de s'évanouir et qu'elle avait su se dominer avec beaucoup de dignité.

– Je suis content qu'elle puisse enfin se reposer. Les médecins prétendent qu'elle ne devrait pas être aussi fatiguée. Elle a pris beaucoup de poids...

– Toutankhamon, la reine m'a parlé... Elle m'a dit que tu souhaitais faire ramener le corps de ton père d'Akhetaton.

Le roi fut aussitôt sur ses gardes. Il n'était pas prêt à admettre un refus.

– Je sais à quel point tu aimais ton père.

– La manière dont on saccage ses statues ou son image me révolte. Je veux le protéger sinon son souvenir disparaîtra complètement de l'histoire égyptienne !

– Je te comprends. Me fais-tu confiance ?

– Sans toi, je ne saurais régner.

– Bien ! Alors, écoute-moi attentivement. Je veux, moi aussi, protéger les momies de la famille. Voilà pourquoi j'adhère à tes idées.

Toutankhamon, qui s'apprêtait à défendre sa cause, fut quelque peu surpris d'une telle réponse.

– Nous savons tous les deux que le moment est très mal choisi pour reparler d'Akhenaton et pour honorer sa mémoire. Tu as pu lui donner des offrandes parce que tu étais loin de Thèbes. Mais, ici, face au clergé d'Amon, il serait beaucoup plus difficile d'agir en toute liberté...

– J'ai donné au clergé d'Amon ce qu'il voulait. En échange, qu'il me laisse aimer et chérir mon père pour l'Éternité.

– Hélas, roi bien-aimé, leur pouvoir est grand.

– Ramenons le corps d'Akhenaton en secret et enterrons-le dans la Vaste Prairie à l'insu de tous.

– Je ne puis imaginer, en effet, un retour triomphal d'Akhenaton à Thèbes ni des funérailles grandioses dans la Vaste Prairie ! Mais séparerais-tu ton père des autres défunts de la famille ? Ce serait cruel...

– Toute la famille sera enterrée ici !

– Je te conseille d'être patient. Je t'aiderai à accomplir cette tâche. Nous y parviendrons si nous savons attendre...

– Aÿ, je saurai être patient si tu me jures devant les dieux réunis que mon père sera enterré ici.

– Je le jure, dit Aÿ en espérant que cet engagement suffirait. En attendant, tu peux retourner à Akhetaton toutes les fois que tu le souhaites...

– Nous avons passé de nombreux mois loin de Thèbes. Je suis conscient qu'un roi doit être présent dans son palais principal et se montrer à son peuple et à ses soldats. Toi et Horemheb, vous ne me seconderez pas pendant toute ma vie.

– As-tu des projets ?

Toutankhamon lui parla de son intention de partir pour la Nubie avec le chef des armées. Aÿ se montra sceptique.

– Inutile de discuter. Comme je l'ai dit à Horemheb, je juge indispensable pour un pharaon de guerroyer. Je suis un excellent chasseur.

– Personne ne le nie.

– Je ferai donc un bon soldat.

– Je n'en doute pas. Tu as, cependant, bien d'autres priorités que de partir pour la guerre aujourd'hui...

– Non seulement je me rendrai en Nubie, mais je partirai ensuite pour l'Asie.

– As-tu pensé à la reine ? Elle va avoir besoin de toi.

– Les médecins lui sont actuellement plus utiles que son époux. Ils prétendent que sa grossesse se déroule à merveille et que l'accouchement n'est pas pour demain. Les déesses Thouéris et Hathor ne viendront pas l'assister avant quelques semaines.

XXV

Ankhesenamon dut se plier, elle aussi, aux volontés du roi. Comme Toutankhamon ne semblait pas la désirer pendant ces derniers mois de grossesse, elle préférait le savoir loin de Thèbes que dans la chambre de Nuweiba. La Nubienne s'était réjouie plus que les autres du retour du roi. Elle avait eu le temps de préparer sa vengeance. Malgré la surveillance de la sœur d'Houy qu'elle narguait, Nuweiba avait réussi à rencontrer le roi pour le remercier du domaine qu'il lui avait donné. Celui-ci lui apprit qu'il n'avait jamais pris connaissance du message qu'elle lui avait écrit à Akhetaton, ce qui ne l'étonna guère et lui donna quelques indications sur les sentiments que Moutenejmet éprouvait pour elle.

Lorsqu'elle apprit de la bouche même du roi que celui-ci allait partir en campagne, Nuweiba lui proposa aussitôt de l'accompagner.

– Il est normal qu'un roi soit suivi de son harem d'accompagnement, lui dit-elle.

– Mais nous resterons peu longtemps absents. Ce harem ne sera pas nécessaire.

– Nous ne serions que quelques-unes... L'amour doit manquer au roi dont l'épouse est enceinte.

Mais le roi ne céda pas. Il avait retrouvé auprès d'Ankhesenamon une passion et une fougue qui l'avait rendu très amoureux. Il en avait oublié les autres filles, si belles fussent-elles. Il avait compris qu'il était très attaché à sa femme et que les filles du harem ne feraient que l'encombrer pendant un voyage qu'il voulait faire avec recueillement et intelligence.

– Si je veux un harem d'accompagnement, dit-il à Nuweiba, je demanderai à la sœur d'Houy de choisir les filles qui iront avec moi en Nubie.

Comme Nuweiba était blessée par une telle réponse, le roi crut qu'elle désirait retourner dans son pays.

– Tu reverrais la région où tu es née...

– Qu'importe ! lui dit Nuweiba. Je regrette seulement de ne pas suivre Pharaon.

– N'es-tu pas satisfaite de ton domaine ?

Cette réponse ramena Nuweiba au rang de simple favorite. Le roi s'imaginait-il qu'elle le contentait pour obtenir des bijoux, de l'or ou des terres ?

– Si Pharaon ne venait plus me rendre visite, lui dit-elle, je lui rendrais le domaine, les domestiques et les paysans qu'il a mis à ma disposition. Je ne réclamais rien, juste un peu de considération de la part du roi, un sourire, un baiser, un élan de tendresse.

– Nuweiba, je suis le roi. J'aime certaines des femmes du harem plus que d'autres mais la reine reste ma préférée. Tu es jeune et très désirable. Tu m'as beaucoup troublée. Je te voulais près de moi, à Thèbes. Voilà pourquoi je t'ai montré mon affection en te faisant un don exceptionnel que t'envient toutes les autres filles.

– Est-ce tout ? demanda Nuweiba en se jetant à ses pieds.

– Ton exigence dépasse les bornes ! répliqua Toutankhamon.

– Le roi a changé depuis son voyage...

– J'ai appris à connaître mon métier. Je sens sur moi peser de lourdes responsabilités. Sache, Nuweiba, que tu es ma favorite.

Toutankhamon ne s'avança pas davantage. Il écouta pendant plusieurs jours les rapports d'Aÿ. Puis il s'enferma dans son bureau avec Horemheb qui lui expliqua ce qu'il comptait faire en Nubie.

– Nous devrions être rentrés dans huit semaines, lui dit-il.

– Partons le plus vite possible.

Quelques jours plus tard, l'armée était prête au départ. Toutankhamon en prit la tête, suivi par Horemheb qui s'amusait de la superbe du frêle pharaon. Après avoir embrassé Ankhesenamon, le pharaon ne quitta pas la ville sans se rendre au temple de Karnak.

– En avant ! dit-il lui-même à ses soldats en brandissant son arc.

Avançant au pas, les chevaux se frayèrent aisément un chemin parmi les paysans admiratifs du courage du roi.

– Il est trop jeune pour partir, soufflaient les femmes.

Le roi pénétra sans hésiter dans le temple de Karnak envahi par les odeurs d'encens. Les prêtres au crâne rasé étaient prosternés devant la statue du dieu Amon qui n'avait pas encore regagné sa chapelle, loin du regard de tous.

– Je dois purifier le dieu que tout le monde a vu, lui expliqua le Grand prêtre.

– Dieu Amon, dit tout haut le roi, je vais envoyer des soldats en expédition dans le pays de Pount dès mon retour. Qu'en penses-tu, dieu des dieux ?

– Amon est consentant, répondit le Grand prêtre.

– Nous n'avons pas de temps à perdre ! Qu'on amène le taureau que j'ai sélectionné pour honorer Amon !

La bête fut traînée devant Pharaon.

– Qu'on la retourne promptement et qu'on lui lie les pattes !

Sans hésiter, un boucher lui trancha la gorge. Le roi ne détourna pas les yeux. Après avoir assisté au sacrifice, il se rendit dans un petit tribunal où siégeaient des scribes et des juges.

– Nous approuvons le roi, conclurent-ils après maintes délibérations. Qu'il revienne sain et sauf de Nubie !

Toutankhamon, qui estimait ces conciliabules trop longs, quitta précipitamment le temple.

– Qu'aurais-tu fait si les prêtres n'avaient pas été de ton avis ? lui demanda Horemheb. À ta place, je n'aurais jamais accepté d'écouter ce tribunal.

– J'ai pris ce risque parce que j'ai appris qu'avant le règne de mon père, le roi ne gouvernait pas sans l'avis des prêtres. S'ils s'étaient opposés à mon départ, j'aurais trouvé un stratagème pour qu'ils soient de mon avis.

– Ils n'avaient pas l'intention de te contredire ni d'attiser ta ire.

– Ils se souviennent encore des textes que j'ai préparés pour qu'ils retrouvent tous leur ancien pouvoir. Quand ils auront d'autres exigences, j'aviserai.

– Tu as bien retenu la leçon d'Aÿ.

Tout en conduisant l'armée, les deux hommes échangeaient leurs points de vue avec intelligence.

– Comment sais-tu que le divin Père m'a parlé ?

– Parce que je connais ses raisonnements. Il profite toujours des bonnes occasions.

Ils gagnèrent les champs où les cultivateurs s'étaient sagement alignés pour les acclamer.

– Cette campagne te rendra encore plus populaire, constata Horemheb.

– Tel est le but de ce voyage. Mon autre objectif est de mieux connaitre les Nubiens.

Des chevaux paissaient dans des champs de blé encore inondés. L'eau du Nil, qui s'était abondamment répandue dans les terres, n'avait pas totalement séché. L'herbe était vert clair et les oiseaux volaient presque au ras des marais. De petits hérons se posaient non loin des habitations sans crainte des paysans. L'armée se retrouva bientôt seule sur les chemins qui longeaient le fleuve.

– Nous embarquerons à Assouan, lui expliqua Horemheb.

– Je veux y passer deux nuits.

– Le palais est prêt.

– Les habitants de cette région nous sont fidèles. Je souhaite leur dire combien j'apprécie leur honnêteté.

– C'est une très bonne idée...

Horemheb répondait au roi tout en songeant à ses propres plans. Attendrait-il leur voyage en Asie pour se débarrasser de Toutankhamon ou agirait-il en Nubie ? Il lui suffisait de provoquer un chef rebelle pour déclencher une bataille. Son impatience était telle qu'il ne voulait plus attendre davantage. Mais le fait que la reine fût enceinte avait contrarié ses plans. S'il éliminait Toutankhamon, alors qu'Ankhesenamon attendait un héritier, qui supprimerait cet enfant ? « Avant qu'il ne puisse régner, il faudra patienter des années. Je dirigerai à sa place comme nous l'avons fait, Aÿ et moi pour Toutankhamon. »

Mais cette solution ne lui plaisait guère car il voulait maintenant devenir pharaon. « Je dirige l'Égypte depuis si longtemps ! Sans moi, ce pays serait passé sous la direction des Hittites, des Nubiens, ou des Libyens. Il est normal que je sois récompensé et que je reçoive le titre qui m'est dû. Je n'accomplirai plus le travail des autres en coulisses. Je ne me contenterai plus d'être chef des armées. Seul le pouvoir suprême m'importe. »

Horemheb avait également su éviter les complots. Aÿ l'avait informé des velléités de Panéhésy qu'il connaissait bien et à qui il n'accordait aucune confiance. Séparé de ses complices, prêtres d'Aton, Panéhésy avait compris que s'emparer du pouvoir devenait pour lui impossible. Face aux prêtres d'Amon, aux hauts fonctionnaires qui soutenaient tous le roi, comment aurait-il pu s'imposer ? Il était conscient d'avoir laissé passer des occasions uniques à Akhetaton.

– Tu es très silencieux, remarqua le roi.

Horemheb s'excusa.

– Que veux-tu savoir, Horus ?

– Parle-moi des Nubiens et des chapelles ou des temples que nos ancêtres ont fait construire dans le pays de Koush. Je connais maintenant l'Égypte. J'ai été impressionné de découvrir tant de merveilles. Que me réservent les régions du Sud ?

Horemheb proposa au roi de monter dans son propre char.

– Je t'expliquerai tout avant que nous n'atteignions Assouan.

Le général aurait préféré réfléchir tranquillement à son avenir.

– La reine sait-elle si elle attend une fille ou un garçon ?

– Elle a fait germer du blé et de l'orge mais je ne sais comment les devins ont interprété les résultats.

– Tu dois pourtant être impatient de le savoir....

– Non, général. Nous sommes jeunes. Je sais qu'Ankhesenamon me donnera des filles et des garçons et je m'en réjouis. Nous aurons une multitude d'enfants.

Cette réponse déplut à Horemheb. Si le roi disparaissait pendant ce voyage, un nouveau-né ne lui barrerait pas le chemin. Seul Aÿ lui posait problème. « Dès que nous arriverons en Nubie, j'enverrai un ultimatum au chef le plus réticent de la région. Je suis sûr qu'il fera une tentative contre notre armée surtout si nous sommes en nombre restreint. Je sais très exactement où il agira. Toutankhamon sera bien obligé de combattre. Il ne me sera peut-être pas nécessaire de le tuer moi-même. Je le mettrai en confiance. Je lui dirai que nous sommes dans une contrée dépourvue de risques. Il avancera en premier avec assurance. Il me suffira d'attendre que les Nubiens fassent le travail à ma place.. »

Horemheb imaginait très facilement la scène. « Toutankhamon n'en réchappera pas ! Qui me le reprochera ? »

Après avoir roulé dans la poussière pendant plusieurs jours, le roi ne cacha pas sa joie d'arriver enfin dans son palais d'Assouan.

– Il n'a pas été nettoyé depuis la dernière visite d'Aménophis III ! lui expliqua Horemheb. Le personnel a tout remis en ordre. Hélas, l'une des ailes du palais s'effrondre. Nous la ferons réparer. Si j'avais appris plus tôt ton désir de voyager en Nubie, j'aurais tout organisé.

– Je suis si heureux de pouvoir me laisser laver et masser avant de dormir dans un vrai lit que le reste m'indiffère !

Le roi et le général furent accueillis par un peuple en liesse.

– Je pensais que le vice-roi de Koush serait là pour nous recevoir, observa le roi très contrarié.

– Le vénérable Houy m'a envoyé un message. Il contrôle actuellement les mines d'or. Mais il viendra à ta rencontre dès que possible. Je crois qu'il te prépare une belle surprise.

– Parfait !

Toutankhamon répondit rapidement aux manifestations de joie du peuple. Il abrégea les présentations et se retira jusqu'à l'heure du festin pour se délasser. En réalité, il pensait à Ankhesenamon qui lui manquait.

– Je ne lui ai pas manifesté suffisamment de tendresse. Ma femme doit être soutenue et aidée. Elle était très lasse après notre voyage. Elle m'a suivi avec amour. Elle s'est beaucoup occupée de moi.

Puis il songea aussi à Nuweiba.

– J'aurais été consolé de l'avoir à mes côtés. Elle n'avait pas tort de me proposer ses services. J'ai peut-être été un peu brutal avec elle.

Il revit son visage contrarié et les larmes qui mouillaient le contour de ses paupières.

– Ai-je eu raison de lui dire la vérité ? Elle est si fragile ! Sans doute aurait-elle aimé revoir son pays. Je lui montrerai, à mon retour, que je tiens à son affection. Il était bon que je lui parle de la reine et de mes sentiments pour elle. Toutes les femmes doivent savoir qu'aucune ne rivalisera avec Ankhesenamon.

XXVI

Le lendemain matin, alors que le roi mangeait un petit déjeuner fait de fruits et de pâtisseries et qu'il buvait tranquillement son thé à la menthe en observant le trafic des bateaux qui arrivaient près d'Assouan, un messager débarqua en toute hâte.

Le roi s'interrompit en entendant des cris. Il se plaça sur son balcon et appela son scribe.

– Quelle chaleur dans cette région ! Mais l'endroit où les bords du Nil se rejoignent est tellement beau ! Dis-moi, que signifie toute cette agitation ? Que veut donc cet homme qui parlemente avec les Nubiens pour entrer au palais ?

– Je ne sais, Pharaon. Tous ceux qui ont appris ta visite, veulent te voir pour te soumettre leurs doléances.

– Mais celui-ci insiste ! Regarde ! Il est venu sur un bateau royal !

– Tu as raison, maître. Je vais aller me renseigner.

L'Égyptien s'agitait et tentait manifestement d'expliquer la raison de son voyage à des gardes impitoyables qui le refoulaient vers son embarcation. Comme le ton montait et que le messager devenait de plus en plus rouge, le roi posa son gobelet en or et tendit l'oreille.

– Le bruit des musiciens nubiens sur les bateaux qui

longent le Nil m'empêche d'entendre son discours. S'il est venu sur un bateau d'Ankhesenamon, cet homme doit servir la reine. Je dois absolument le recevoir.

Toutankhamon songea un instant qu'il pouvait être père. Mais il se raisonna.

– La reine ne peut donner naissance à notre enfant si tôt ! Quelle stupidité !

Il pensa alors à Moutenejmet et à Maïa.

– Cet Égyptien pourrait travailler pour elles !

Son scribe arrivait enfin à la hauteur des gardes. Il s'entreposa entre eux et le messager qui se calma aussitôt en lui montrant un rouleau de papyrus.

Le scribe leva les yeux vers le balcon où se trouvait le roi qui ne perdait rien de ce qui se passait. Le serviteur du pharaon entraîna le messager avec lui.

– Il vient ! dit le roi aux serviteurs. Retirez tout cela et posez ma couronne sur ma tête !

Les domestiques se hâtèrent. Ils peignèrent le roi et posèrent sa coiffe le mieux possible. Puis ils le recouvrirent de bijoux et lui donnèrent sa ceinture. Le roi l'ajustait lorsque le scribe se présenta devant lui.

– Majesté, je te conseille d'écouter le messager de la reine.

– Tu es si pâle que je redoute son discours.

Le scribe se retira en s'inclinant. Il était blême.

– Maître tout-puissant, dit le héraut en se jetant à ses pieds. Je suis porteur d'une triste nouvelle...

– Que s'est-il passé ? demanda le roi en le relevant lui-même. Parle !

– La reine...

– Il est arrivé quelque chose à la reine ! Un accident !

– Non, maître. Ankhesenamon bien-aimée va bien. Elle a été très malade mais elle se porte mieux. Elle a perdu beaucoup de sang. Dès que tu as quitté Thèbes, elle est devenue très faible. Elle avait des vertiges. Elle s'est alitée...

– Continue !

– Elle a perdu son enfant, Seigneur. Toute l'Égypte est consternée... Tout le monde pleure cette petite fille...

– Une fille ? demanda le roi bouleversé.

– Elle est née trop tôt pour vivre.

– Je dois partir tout de suite pour Thèbes. Les dieux m'ont puni de m'être séparé de la reine.

– Non, Maître. Personne ne pouvait prévoir cette fin tragique.

– Comment va la reine.

– Elle ne cesse de pleurer lorsqu'elle se réveille. Mais elle dort presque tout le temps.

– Scribe ! Je souhaite repartir immédiatement pour Thèbes. Je vais monter dans le bateau de ce messager. Vous continuerez vers le pays de Koush.

– C'est impossible, Toutankhamon ! Ce serait trop dangereux. Une partie de l'armée doit t'accompagner.

– Une simple escorte suffira. Allons ! Préparez juste un coffre, des jarres d'eau et des provisions. Allez chercher Horemheb. Je veux qu'il poursuive son travail dans le pays de l'or.

Le roi se laissa tomber sur sa couche. Comment pouvait-il imaginer que la reine avait failli mourir alors qu'il se reposait tranquillement ? Jamais il n'avait envisagé de perdre son enfant.

– Quelle épreuve pour Ankhesenamon ! dit-il en regrettant de se trouver si loin de la ville d'Amon. Je suis si désapppointé !

– Repose-toi, puissant taureau, lui conseilla le scribe. Je vais prévenir Horemheb et donner des ordres pour que tu puisses partir le plus vite possible. Je t'accompagnerai. Je veillerai à ce que tu ne manques de rien.

– Je te récompenserai comme il se doit.

Une fois seul, le roi se mit à prier les dieux avec ferveur. Il croyait l'époque des malheurs passée. Ce nouveau coup du sort le frappa de plein fouet.

– Je crois bien, murmura-t-il, que j'avais commencé à aimer ce petit être que ma chère Ankhesenamon portait. Je ne veux pas que ma femme reste dans la peine. Dès que le médecin nous y aura autorisé, je souhaite que la reine attende un autre enfant. Nous pourrons alors donner de grandes fêtes qui feront oublier nos malheurs.

Tandis que le général continuait sa mission en Nubie, le roi rentra rapidement. Quand il arriva à Thèbes, sa femme était encore étendue. Le médecin lui expliqua qu'elle dormait beaucoup pour reprendre des forces. Maïa tomba dans les bras du roi, en larmes. Elle qui n'avait pas l'habitude de montrer ses sentiments ne pouvait s'empêcher de pleurer et de se lamenter.

– Pauvre Toutankhamon ! Je me réjoussais tant de devenir la nourrice de cet enfant...

Se maîtrisant avec peine au chevet de sa femme, le roi tentait de garder toute sa dignité.

– J'ai beaucoup souffert en apprenant cette nouvelle, reconnut-il. J'aurais dû rester à Thèbes. Je suis entièrement responsable de ce qui est arrivé. Les dieux m'ont puni d'être parti au plus mauvais moment.

– Allons ! Le destin de cette petite fille était tracé ! Elle est morte avant de nous avoir connus.

– J'ai l'impression que tu me caches un détail...

– Viens par ici. Laisse Ankhesenamon se reposer.

Le roi obéit.

– Le médecin nous a appris que l'enfant serait née avec des malformations. Elle aurait eu de graves problèmes à la colonne vertébrale et une épaule probablement plus basse que l'autre. Il n'en a pas fallu davantage pour que le peuple y voie un malheur envoyé par les dieux. Il raconte que la fille et la mère sont maudites !

– Je ferai taire ces rumeurs stupides ! Comment les Égyptiens savent-ils ce que tu viens de m'apprendre ? Le médecin aurait-il parlé ? Dans ce cas, je le punirai.

– Non. Personne ne sembla avoir répandu cette rumeur.

– Et pourtant, le peuple est déjà informé ! Qui était au courant de ces malformations ?

– Trois médecins, Moutenejmet, Aÿ et moi.

– Et la reine ?

– Personne ne le lui a dit. Elle a tout juste repris connaissance.

Le roi s'inquiéta.

– Non, rassure-toi, lui dit Maïa. Ses jours ne sont pas en danger. Elle vivra et retrouvera très vite ses forces. Les médecins sont formels à ce sujet. Mais elle a perdu beaucoup de sang. Elle entrait dans son huitième mois. Cette fausse couche est un véritable désastre.

– Nous aurons de nombreux enfants, lui dit Toutankhamon.

Comme la nourrice le regardait avec pitié, le roi lui demanda d'être franche.

– Ankhesenamon pourra avoir d'autres enfants, n'est-ce pas, Maïa ?

– Bien entendu ! Je pensais seulement que cet incident serait une épreuve difficile pour la reine.

– Connaît-on l'origine de cette fausse couche ?

– Non, Toutankhamon. Tu sais combien il plane de mystère autour de ce genre de malheur. Aucun médecin ne sait l'expliquer. Les magiciens sont également impuissants. Il faudra recourir dès que possible à une magicienne pour chasser le mauvais sort.

– Tu ne m'as toujours pas dit qui avait révélé au peuple les malheurs que nous connaissons. Aÿ n'a pu commettre cette faute. Je connais ta discrétion et celle de Moutenedjmet. Il ne peut s'agir que d'un médecin...

– Je ne crois pas qu'ils aient pris le risque de parler.

– Nous voilà bien peu avancés ! Y aurait-il des espions dans ce palais ?

– En réalité, nous avons tous été si bouleversés que nous avons oublié de fermer les portes et de tenir les serviteurs à l'écart. Aussi la nouvelle s'est-elle répandue plus vite que le feu. Inutile de chercher des coupables.

– Tu as raison. Nous allons enterrer notre enfant dans ma tombe. Je veux qu'elle soit embaumée avec beaucoup d'attention et qu'elle ait de très belles funérailles dont tout le peuple se souviendra. Puisque les Égyptiens pensent que les dieux ont jeté une malédiction sur la reine et notre enfant, qu'ils cessent de parler sans savoir et qu'ils viennent à l'enterrement de notre petite fille. Ils se rendront compte que personne ne doit rejeter la princesse et qu'elle doit être honorée comme si elle vivait. Où est-elle ?

– Nous devions prévoir l'embaumement, la taille du cercueil et du sarcophage...

– Elle se trouve déjà dans les mains de l'embaumeur ?

– Oui. Il était impossible d'attendre ton retour pour commencer...

– Je comprends, répondit le roi. Je ne la verrai donc pas si ce n'est entourée de bandelettes.

– Tu sais que nous ne pouvons garder les corps de nos chers défunts... La chaleur ne nous le permet pas...

– La reine a-t-elle vu sa fille ?

– Non, répondit Maïa. Le médecin l'a fortement

déconseillé. La reine était inconsolable lorsqu'elle se réveillait. Elle délirait dans son sommeil. Maintenant que tu es là, elle va se calmer et reprendre des forces.

– Que veux-tu dire ? M'aurait-elle réclamé ?

– Je ne te le cacherai pas, répondit Maïa en baissant la tête. Mais ne te sens pas coupable pour cela. Tu faisais ton devoir et ta présence au palais n'aurait absolument rien changé.

Pour ne pas le contrarier davantage, Maïa se garda bien de lui parler des nouvelles profanations dont avait été victime Akhenaton en Moyenne Égypte. De nombreux Égyptiens traitaient l'ancien pharaon d'hérétique. Des tombes avaient été violées et des trésors funéraires emportés. Aÿ attendait un compte rendu complet de ce carnage pour savoir si la tombe royale d'Akhenaton et les momies des princesses avaient subi des dommages. Il espérait tout savoir en détail avant le retour du roi et avait fait promettre à Maïa de garder le silence. Ainsi donc la visite du roi à Akhetaton et la présence du redouté Maou sur les lieux n'avaient pas empêché les dégradations.

XXVII

Quand la reine retrouva ses esprits, des magiciennes l'entourèrent et préparèrent les cérémonies destinées à chasser le mauvais sort. Ankhesenamon fut invitée à s'accroupir au-dessus d'une brique, là où elle aurait donné naissance à sa fille. Les magiciennes allumèrent un feu et placèrent près de la reine le dieu Thot à forme de babouin, divinité des scribes et des magiciens.

Le roi assistait à ces rites.

– Que la fumée entre dans le corps d'Ankhesenamaon et qu'elle soit purifiée ! Jamais plus un tel incident ne se produira à la cour ! La reine sera à jamais protégée ! répétait une magicienne.

Aÿ se pencha vers Toutankhamon qui semblait prier.

– Le peuple jase sur l'enterrement de la princesse, lui apprit-il.

– Que veut-il encore ? Notre douleur n'est-elle pas suffisante ?

– On dit, non sans raison, que la princesse n'a pas d'âme puisqu'elle n'a jamais vécu et qu'elle est venue au monde sans respirer. Comment imaginer qu'elle puisse vivre éternellement et que son *ba* puisse s'envoler vers les cieux ?

– Aÿ, notre enfant vit dans notre cœur. Ankhesenamon l'a portée. Elle était vivante et l'est toujours pour l'éternité. Fais taire ces abominations !

– Un autre problème se pose, maître...

– Aÿ, je voudrais écouter la cérémonie...

– Ta fille est toute petite et les instruments servant à l'embaumement sont trop grands pour elle...

– Qu'on en fabrique d'autres !

– L'extraction des organes et du cerveau sera difficile.

– Qu'on change d'embaumeur si nécessaire.

– Roi tout-puissant, aucun des embaumeurs du palais n'acceptera d'extraire les organes de ta fille. Ils ont pratiqué une incision sur le côté. Celle-ci s'avère trop étroite.

– Qu'ils en fassent une autre !

– Le corps sera très endommagé. Ils ont proposé une autre solution.

– Je t'écoute...

– Injecter directement la résine dans le corps sans enlever les organes.

– Cette opération suffira-t-elle à maintenir le corps intact ?

– Oui. Les prêtres pourront chanter leurs hymnes comme d'habitude.

– Bien. Et pour le sarcophage ?

– Il sera minuscule mais il sera recouvert de feuilles d'or. Encore un détail... Ta fille n'a pas de nom. Que faut-il mettre sur le sarcophage ?

Toutankhamon hésita.

– Que proposes-tu ?

– Fais allusion à Osiris pour bien montrer que tu es revenu à l'ancienne religion.

– Fais écrire sur le sarcophage « Vénérable Osiris » avec une prière au dieu des morts afin qu'il aide notre enfant dans le pays des Bienheureux. Que des bandelettes en lin entourent le sarcophage et qu'un sceau protège notre fille.

– Le sceau du chacal et des neuf captifs de Pharaon ?

– Oui.

À la fin de la cérémonie, Ankhesenamon se rapprocha du roi. Tous deux étaient blêmes. Aÿ prit conscience que ce décès avait grandement affecté le couple. Aussi décida-t-il de veiller aux funérailles de la princesse.

*
**

Après une période de deuil de soixante-dix jours, les Égyptiens reprirent leurs activités. Aÿ avait envoyé des hommes à Akhetaton pour prêter main-forte à Maou. Le pays redevenait prospère et puissant. Mais tout le monde s'accordait à dire qu'un héritier serait le bienvenu. Aussi le couple n'attendit-il guère pour concevoir un autre enfant.

Horemheb n'était pas reparti en voyage. Il attendait le roi pour gagner l'Asie. Mais les tributaires versaient tous leurs redevances à l'Égypte. Les caisses de l'État étaient de nouveau pleines.

Ayant retrouvé sa joie de vivre, Ankhesenamon préparait la venue de son enfant. Dès le quatrième mois de sa grossesse, elle consulta les magiciens et les médecins afin de ne prendre aucun risque.

– Maïa, je veux être très proche de cet enfant, dit-elle à la nourrice. Je connais les obligations d'une reine mais je consacrerai beaucoup de temps à mes futurs enfants comme je le fais pour ma fille.

– Elle t'en est reconnaissante. Cette enfant t'aime plus que tout. Elle est très bien éduquée. Elle connaît déjà la musique. Elle sait lire les hiéroglyphes. Elle comprend plusieurs langues. Elle est très éveillée.

– Nous donnerons à mes enfants la meilleure des éducations.

La reine se reposait tous les après-midi. Persuadée que son voyage à Memphis avait perturbé sa précédente grossesse, elle refusait de se coucher tard, ne buvait jamais de vin, ne montait pas à cheval, ne faisait aucun exercice violent. Pourtant, lors du cinquième mois de grossesse, Ankhesenamon perdit de nouveau son enfant. Une seconde fille rejoignit la tombe du roi. Elle serait placée à côté de la première lorsque le tombeau serait achevé.

Dès lors, les Égyptiens ne doutèrent plus qu'une malédiction s'était abattue sur leurs souverains. Certains en profitèrent pour laisser courir le bruit qu'ils devaient quitter le pouvoir. D'autres, comme Panéhésy, reprirent espoir. Mais à force de discours, Aÿ rappela au peuple qu'il devait reprendre confiance et que les souverains étaient très jeunes. Toutes les femmes faisaient des fausses couches. Mais Ankhesenamon avait également eu une fille en pleine santé qui avait su résister à la peste. Ce dernier argument fit pencher la balance. Peu à peu, les Égyptiens reprirent confiance et retrouvèrent leur enthousiasme. La situation de l'Égypte, florissante et enviable, démontrait que le divin Père avait raison. Les victoires d'Horemheb ne le démentaient pas.

*
**

Après une longue période de tristesse, Toutankhamon et son épouse redonnèrent des festins au palais. Le roi allait chasser presque chaque jour dans le désert. Leur fille était enterrée depuis plusieurs mois quand il partit chasser le lion.

– Il est nécessaire de repousser les fauves dans le

désert. Ils menacent les fermes voisines de Thèbes, apprit-il à sa femme.

– Rapporte des lions et amuse-toi, lui dit-elle.

Le sachant bon chasseur, elle ne redoutait rien.

Le roi rentra très tard. Quand il arriva au palais, le soleil s'était couché depuis longtemps derrière les dunes. La reine avait entendu les meutes qui rentraient. Les chiens, très excités, réclamaient à manger et aboyaient sans cesse. Ankhesenamon attendit, comme d'habitude, que le roi la rejoignît. Il aimait lui raconter ses journées et ses exploits. Mais Toutankhamon ne se présenta pas devant elle.

– Le roi serait-il retourné au harem ? Il y va de plus en plus souvent. Mais j'ai maintenant confiance en lui. Il n'aime aucune des femmes du harem comme moi. Même Nuweiba semble l'avoir compris.

Elle se renseigna auprès d'Aÿ.

– Pharaon est dans sa chambre, lui expliqua-t-il. Il a si bien chassé qu'il est exténué. Il s'est allongé sur son lit et je crois bien qu'il s'est endormi sans s'en rendre compte !

La reine éclata de rire.

– Alors, je lui pardonne cet excès de fatigue !

– Va le voir. Il sera heureux d'être près de toi quand il se réveillera.

– C'est une bonne idée. Je dois, cependant, veiller à la préparation du dîner. As-tu oublié que nous recevions des ambassadeurs ce soir ?

– Allons, Ankhesenamon chérie, va auprès de ton époux. Je m'occuperai de tout.

– Je n'ai que peu de temps... Il faudra que je m'habille, que je me coiffe, que je me parfume...

– Les ambassadeurs attendront.

La reine se glissa hors de ses appartements avec des

yeux d'enfant ayant préparé une surprise. Elle était entourée de deux gardes du corps.

– Le roi dort-il encore ? demanda-t-elle aux soldats placés devant la porte du pharaon qui semblaient très étonnés par la visite de la reine.

– Nous ne le savons pas, répondirent-ils un peu trop rapidement.

– Vous paraissez étranges. Que vous arrive-t-il ?

– Rien, reine.

– J'attends que vous vous incliniez devant moi !

Les gardes, troublés, avaient oublié le protocole.

– Bien ! Reprenez votre poste !

Après avoir hésité, Ankhesenamon retourna dans ses appartements. « Je préfère laisser mon mari dormir encore un peu. J'aurais aimé m'allonger auprès de lui avant le dîner mais il vaut mieux qu'il se repose. »

Elle alla s'habiller et se faire maquiller pour la soirée. Quand elle revint quelque temps plus tard, les gardes n'avaient pas bougé. Elle entra dans la chambre et s'étonna de ne voir aucun domestique autour de Pharaon. Quand elle s'avança vers le roi, elle constata qu'il était encore inconscient. Sa tête reposait sur le côté. Mais elle comprit bientôt que cette position était anormale. Aussi s'approcha-t-elle et appela-t-elle son époux en le saisissant par l'épaule.

La tête du roi s'écroula sur la couche.

– Qu'est-il arrivé ?

La reine appela de l'aide.

– Faites venir des médecins ! dit-elle à ses propres gardes du corps qui étaient restés à l'extérieur. Vite ! Dépêchez-vous !

La reine ne cessait de pleurer. Aÿ accourut. Il demanda à sa petite-fille ce qui s'était passé. Après de longs moments de douleur et de discussions, il tenta de réconforter Ankhesenamon qui se montrait inconsolable.

– Le roi est mort ! disait-elle en prenant sa tête entre ses mains. Que va-t-il se passer ? Je ne peux le croire.

Elle revenait à son chevet, lui caressait la joue, suppliait les dieux.

– Viens par ici, lui dit Aÿ en la prenant dans ses bras. Nous devons recevoir des ambassadeurs et ne rien leur révéler tant que nous n'en saurons pas plus sur ce décès.

– Que veux-tu faire ?

– Nous allons dîner comme si rien ne s'était passé.

– Je n'y arriverai pas... Je n'assisterai pas à ce festin.

– Si car tu es une grande reine.

Quand il fut certain que sa petite-fille assumerait ses tâches malgré le drame, Aÿ confia l'examen du roi à un jeune médecin. Comme deux servantes étaient entrées dans la pièce sans y être invitées et qu'elles avaient trouvé le roi sans connaissance, Aÿ fit condamner les portes pendant le dîner. La reine devait tenir son rang. Les cris des servantes ayant alerté quelques serviteurs, Aÿ leur assura qu'il n'était rien arrivé de grave.

Le Père divin voulait savoir si le roi n'avait pas été victime d'un attentat. Il souhaitait un rapport complet du médecin avant d'informer la cour.

Comme Aÿ venait de quitter la chambre et qu'il se retrouvait seul face au pharaon, le jeune médecin prit ses instruments en tremblant. Il savait qu'il allait faire l'acte le plus important de sa vie et que tous les anciens médecins de la cour le jalouseraient.

– Je ne peux me tromper, dit-il.

Mais au moment où il allait ausculter de plus près le coup que le roi avait reçu à la tête pour savoir s'il avait été blessé à la chasse ou si un homme avait voulu attenter à sa vie, le pharaon gémit. Le croyant mort, le médecin étouffa un cri et laissa tomber sa pince.

– À boire, réclama le roi. J'ai très soif...

Mais, avant même que le médecin ait pu répondre, Toutankhamon perdit de nouveau connaissance.

– Est-il parti pour le pays des Bienheureux ? Je dois absolument informer Aÿ.

Ne sachant comment procéder, le médecin entrebâilla la porte.

– Le Père divin Aÿ vous a demandé de ne laisser entrer personne ici, pas même les membres de la famille royale, leur dit-il. Veillez à ce que ses ordres soient parfaitement respectés. Mais je dois parler de toute urgence au divin Père. Que l'un de vous aille immédiatement le chercher.

L'attente lui parut interminable. S'asseyant au chevet du roi, le médecin observait son patient en guettant un signe de sa part. Toutankhamon gémit de nouveau. Amon paraissait avoir sauvé celui qui l'avait remis à l'honneur. Pharaon verrait le soleil se lever à l'aube.

Annexes

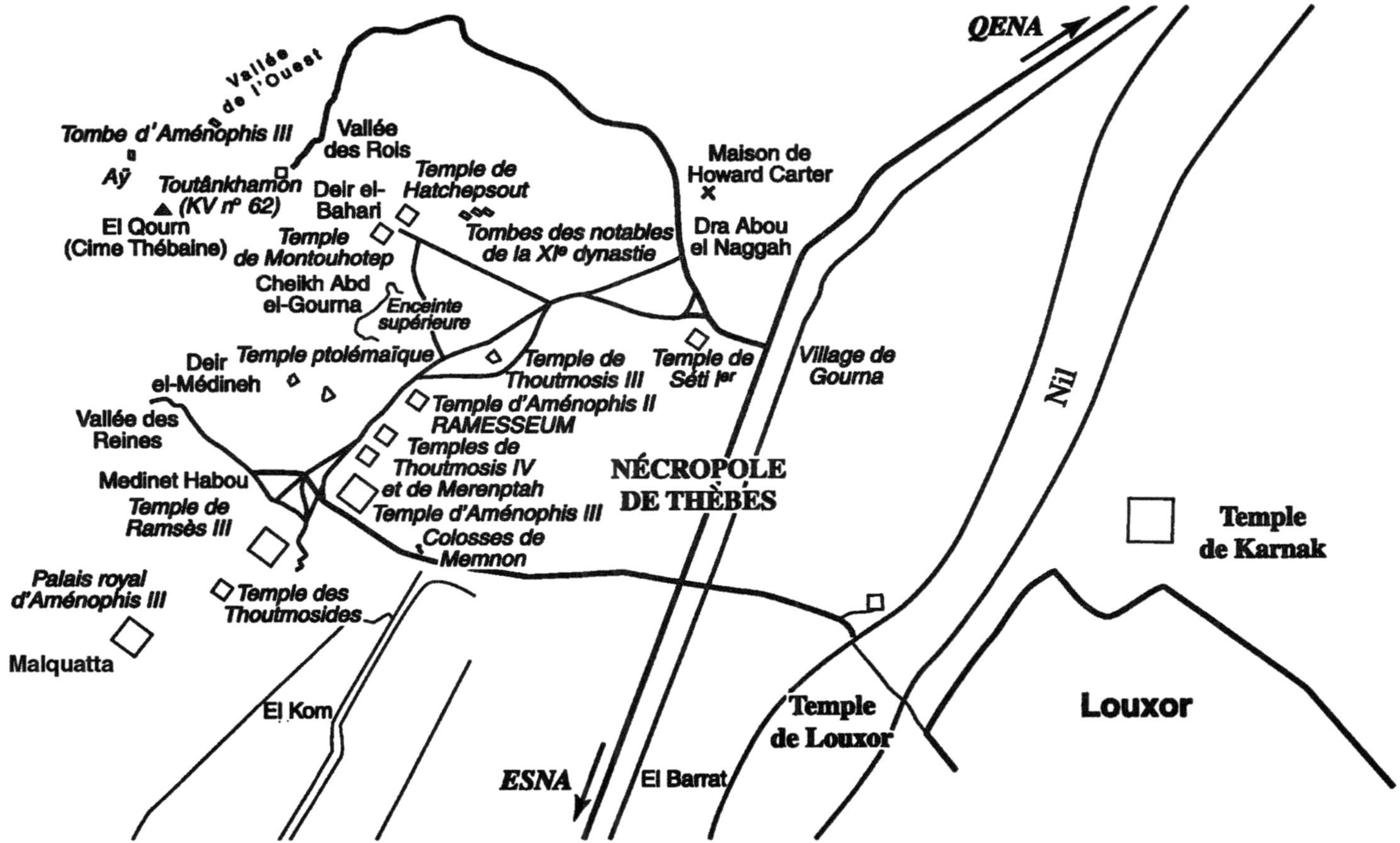

Thèbes-Ouest

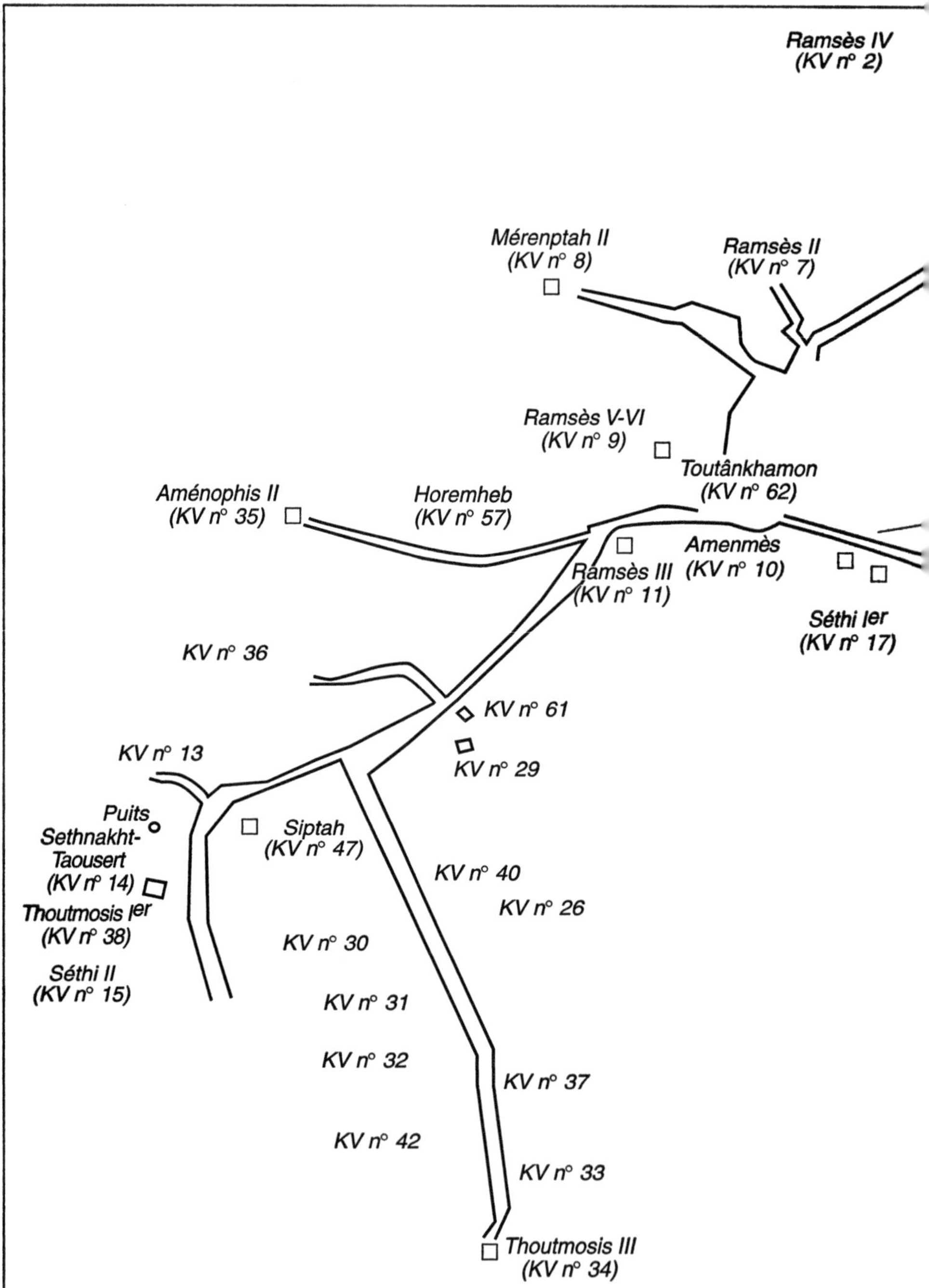

La Vallée des Rois

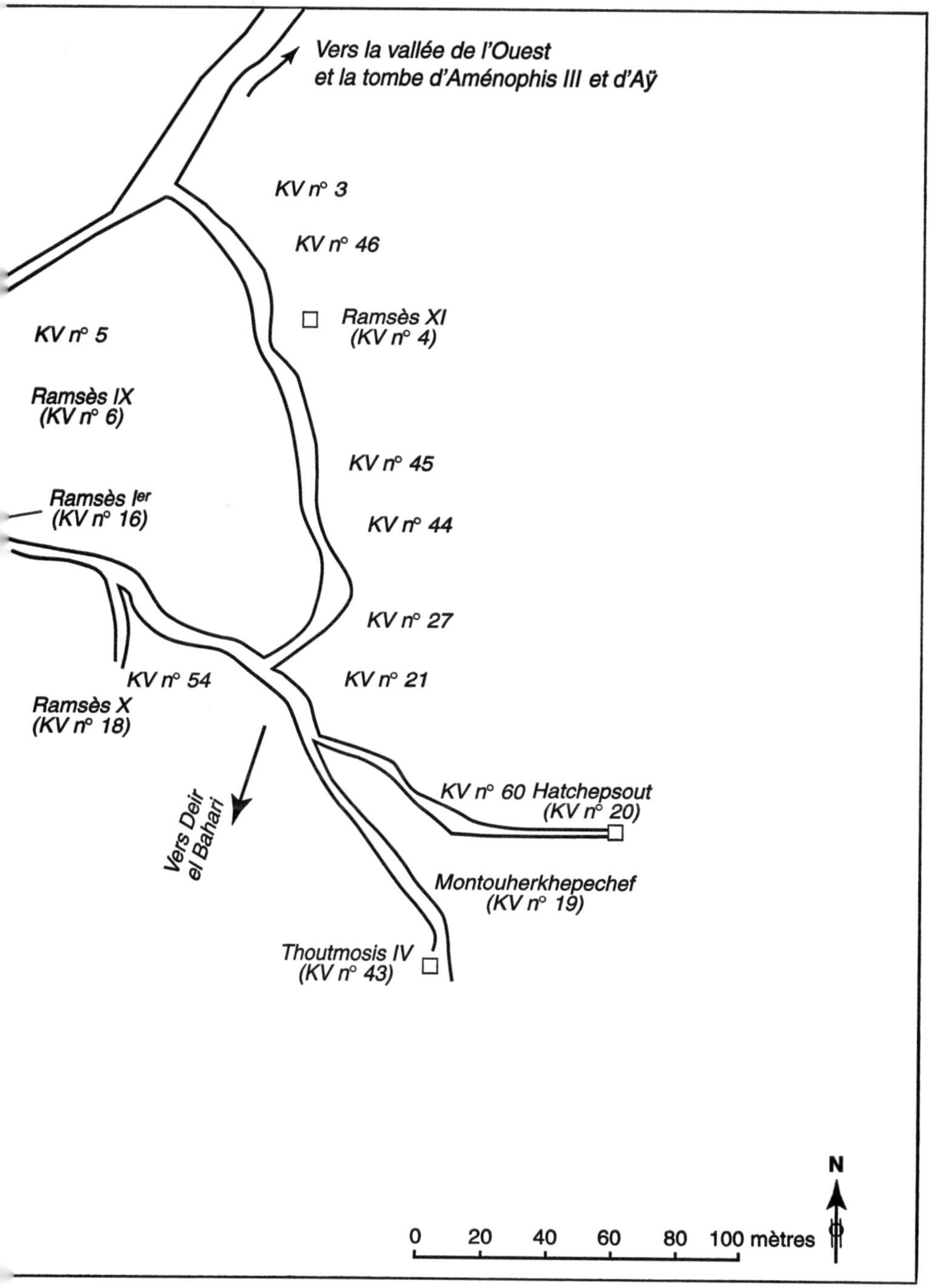
Vers la vallée de l'Ouest
et la tombe d'Aménophis III et d'Aÿ
KV n° 3
KV n° 46
Ramsès XI
(KV n° 4)
KV n° 5
Ramsès IX
(KV n° 6)
KV n° 45
Ramsès Ier
(KV n° 16)
KV n° 44
KV n° 27
KV n° 54
KV n° 21
Ramsès X
(KV n° 18)
Vers Deir
el Bahari
KV n° 60 Hatchepsout
(KV n° 20)
Montouherkhepechef
(KV n° 19)
Thoutmosis IV
(KV n° 43)
N
0 20 40 60 80 100 mètres

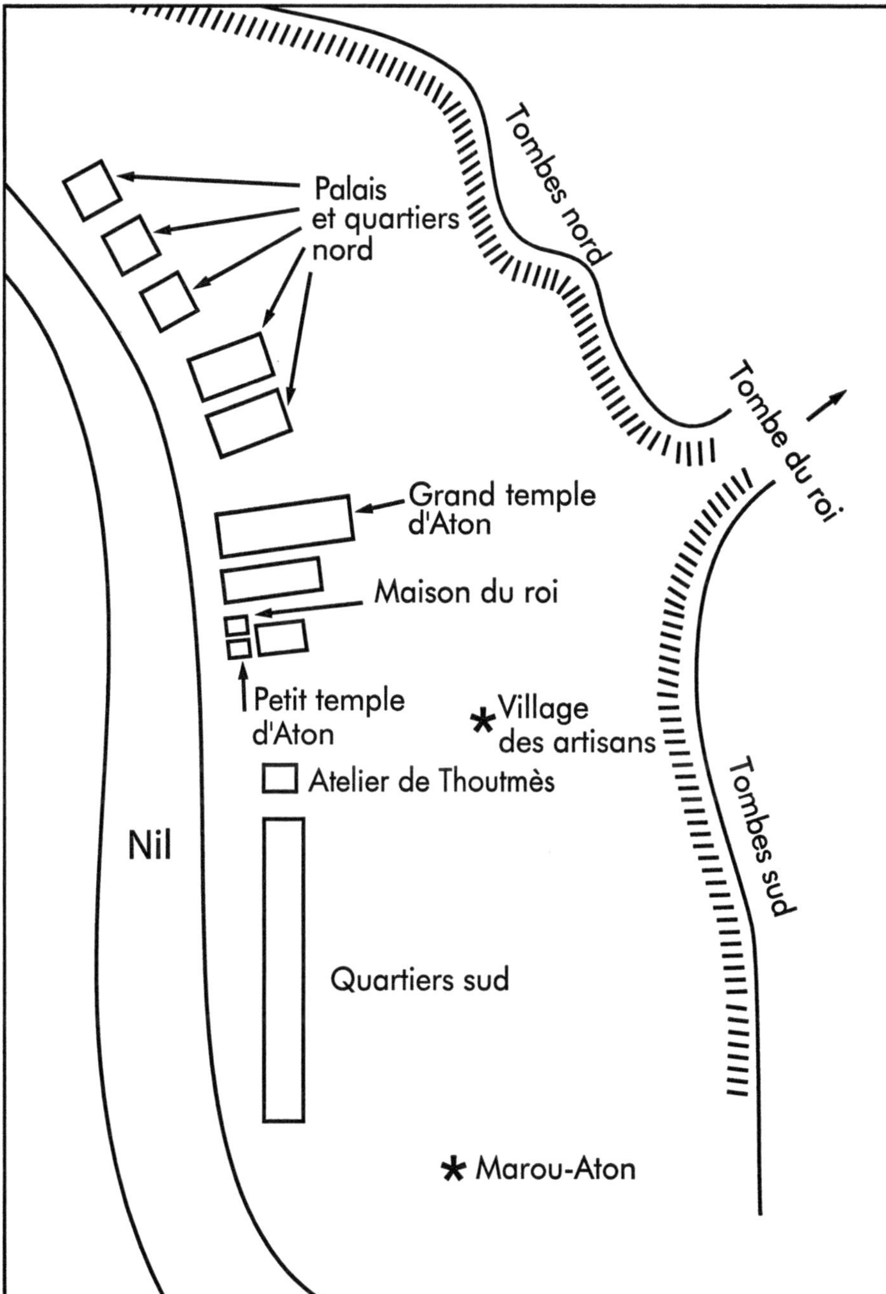

Akhetaton (actuelle Amarna en Moyenne Égypte)

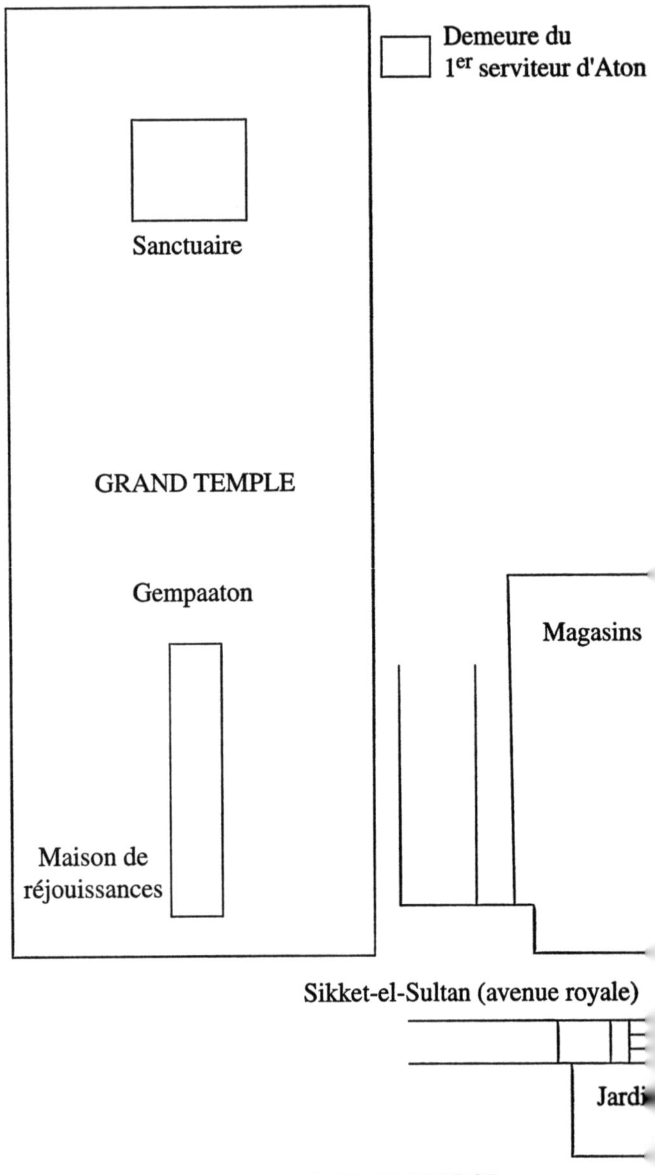

Centre ville d'Akhetaton

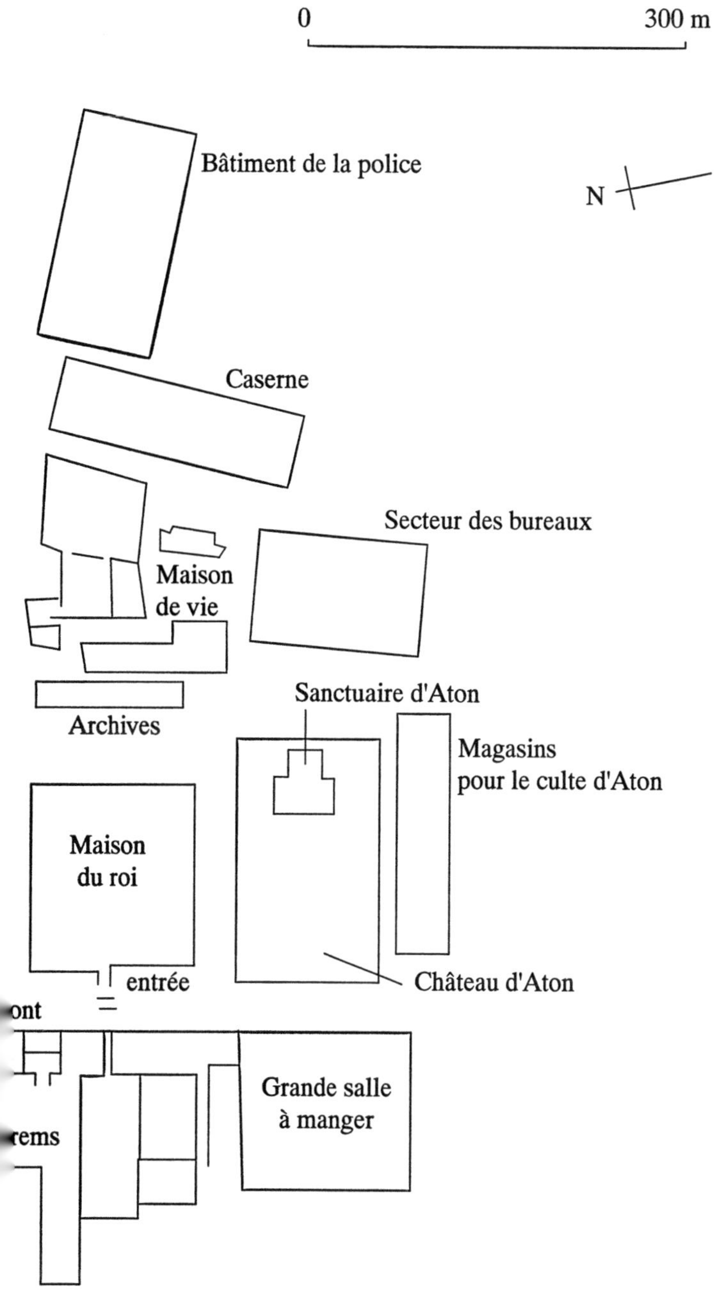
0
300 m
N
Bâtiment de la police
Caserne
Secteur des bureaux
Maison
de vie
Archives
Sanctuaire d'Aton
Magasins
pour le culte d'Aton
Maison
du roi
entrée
Château d'Aton
Grande salle
à manger

RAPPELS CHRONOLOGIQUES
(les dates sont approximatives)

Environ 3000 av. J.-C. :
* Période prédynastique.

Première partie du troisième millénaire avant J.-C. :
* Période thinite (Ire et IIe dynasties – env. 3150-2686 av. J.-C.).

Narmer : 1er pharaon.

Deuxième partie du troisième millénaire avant J.-C. :
* Ancien Empire (IIIe dynastie : Djéser ; IVe dynastie : Snéfrou, Khéops, Didoufri, Khephren, Mykérinos ; V^{e} dynastie : Sahourê, Niouserrê, Ounas ; VIe dynastie : Téti, Pépi I, Pépi II).

Fin du troisième millénaire avant J.-C. :
* Première Période Intermédiaire (VIIe dynastie-XIe dynastie – env. 2181-2040 av. J.-C.).

Première partie du deuxième millénaire avant J.-C. :
* Moyen Empire (XIe dynastie : Montouhotep I, II ; XIIe dynastie : Amenhemat, Sésostris).
* Deuxième Période Intermédiaire (XIIIe à XVIIe dynastie).

Pendant les XVe et XVIe dynasties s'imposent les envahisseurs Hyksos (XVIIIe-XVIe siècle avant J.-C.) qui gouvernent à Avaris tandis que des rois ou gouverneurs égyptiens dirigent l'Égypte du Sud à Thèbes.

Deuxième partie du deuxième millénaire avant J.-C. :
* Nouvel Empire : (1570-1070 env. av. J.-C.).

– XVIIIe dynastie : Ahmosis vainqueur des Hyksos-Grande Épouse royale, Ahmès-Néfertari
Aménophis Ier
Thoutmosis Ier-Grande Épouse royale, Ahmose
Thoutmosis II
Hatchepsout
Thoutmosis III-Grande Épouse royale Méryrêt-Hatchepsout II
Aménophis II-Grande Épouse royale Tiâa
Thoutmosis IV [env. 1397(?)-1387/8 av. J.-C.]-Grande Épouse Néfertary
Aménophis III (env. 1387/8-1348/9)-Grande Épouse Tiyi
Aménophis IV-Akhenaton [env. 1352/50-1338/36 (?) av. J.-C.]-Grande Épouse Néfertiti
Semenkharê (?) [env. 1338 (?)-1336 (?)] av. J.-C.
Toutankhamon (env. 1336-1327 av. J.-C.)
Aÿ [env. 1327 (?)-1323 (?) av. J.-C]
Horemheb

– XIXe dynastie : Ramsès I, Séthi I, Ramsès II,

Mérenptah, Séthi II, Amenmès, Siptah, Taousert, Sethnakht, Ramsès III, Ramsès IV à XI.

Première partie du premier millénaire avant J.-C. :

* Troisième Période Intermédiaire (XXIe dynastie : Smendès, Psousennès, Pinedjem ; XXIIe dynastie : Chechonq ; XXIIIe-XXVe dynastie : Piankhy, Chabaqa, Taharqa).

700-305 avant J.-C. :

* Basse Époque (XXVIe dynastie : Psammétique, Amasis ; XXVIIe dynastie : les Perses Cambyse et Darius ; XXVIIIe-XXIXe dynastie : Achoris ; XXXe dynastie : Nectanebo).

Domination du Perse Artaxerxès III.

Libération de l'Égypte par Alexandre le Grand qui crée Alexandrie.

Dynastie des Lagides avec les Ptolémées et les Cléopâtre (jusqu'en 30 avant J.-C., date de la bataille d'Actium).

Égypte romaine puis chrétienne en 39 ap. J.-C.

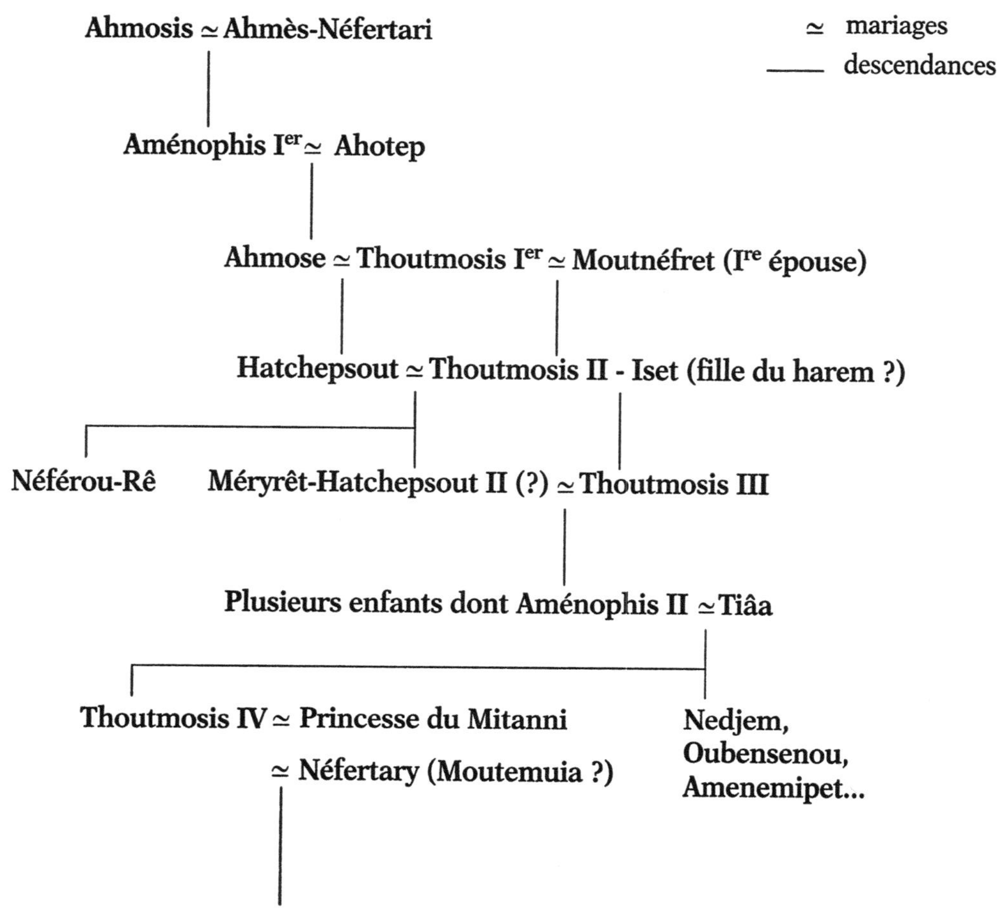
≃ mariages
— descendances
Ahmosis ≃ Ahmès-Néfertari
Aménophis Ier ≃ Ahotep
Ahmose ≃ Thoutmosis Ier ≃ Moutnéfret (Ire épouse)
Hatchepsout ≃ Thoutmosis II - Iset (fille du harem ?)
Néférou-Rê
Méryrêt-Hatchepsout II (?) ≃ Thoutmosis III
Plusieurs enfants dont Aménophis II ≃ Tiâa
Thoutmosis IV ≃ Princesse du Mitanni
≃ Néfertary (Moutemuia ?)
Nedjem,
Oubensenou,
Amenemipet...

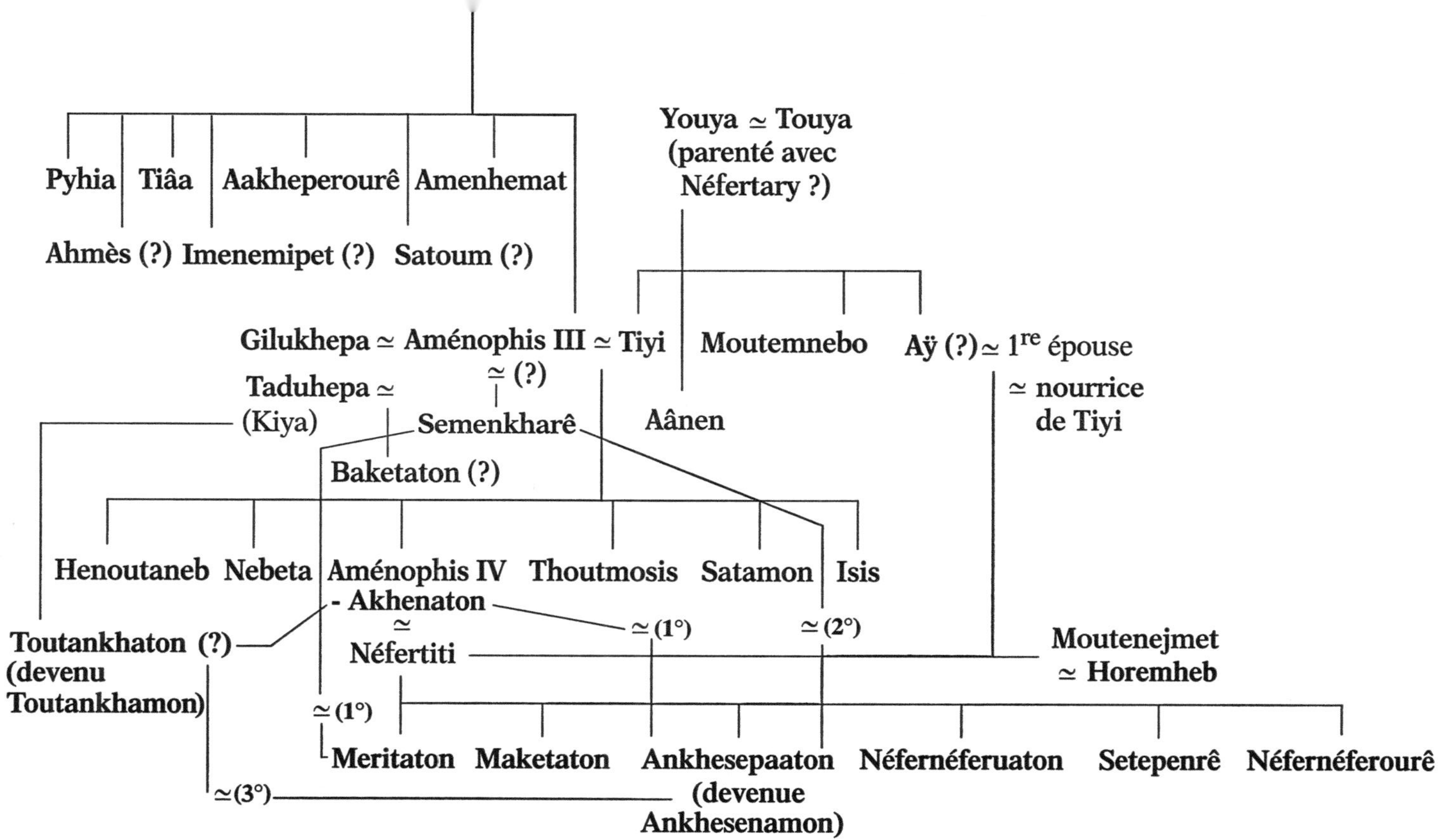

Arbre généalogique des premiers pharaons de la XVIIIe dynastie

LISTE DES PRINCIPAUX PERSONNAGES

Abdi-Achirta : Chef d'Amourrou.
Amenhemat : Grand prêtre d'Amon.
Amenhotep : Architecte ayant succédé au premier Amenhotep.
Amonmès : Intendant dirigeant Thèbes.
Aperhel : Fonctionnaire chargé du culte d'Amon.
Artashup : Messager.
Asal : Émissaire d'Aménophis IV.
Asli : Scribe.
Aÿ : Frère de Tiyi. Fils de Touya et de Youya.
Bak : Sculpteur.
Baketemané : Épouse de Meryrê.
Baki : Femme du prêtre Samout.
Beanna : Femme de Meriptah, responsable de Malqatta.
Hati : Chef des écuries d'Houy.
Hatiai : Supérieur des greniers d'Aton.
Hékanéfer : Ami de Toutankhamon.
Horemheb : Général d'Aménophis III et d'Akhenaton.

Époux de Moutenejmet, sœur de Néfertiti et fille d'Aÿ. Chef des armées sous Toutankhamon.

Hornéfer : Responsable de l'or à Koush.

Houy : Vice-roi de Koush.

Iÿ : Cousin de Tiyi, chargé de son domaine. Fils de Moutemnebo.

Kadachman-Enlil : Roi de Babylone.

Kha : Scribe d'Houy.

Khai : Riche fonctionnaire, ami de Toutankhamon.

Khnoumès : Fonctionnaire chargé des greniers d'Amon à Karnak.

Kiya : Nom égyptien de Taduhepa.

Maabal : Émissaire d'Aménophis IV.

Maïa : Nourrice de Toutankhamon.

Mana : Chanteuse du culte de Bastet, femme de Khaemouaset.

Maou : Chef de la police à Akhetaton.

Maya : Trésorier de Toutankhamon.

Mayé : Chef des chantiers.

Mena : Sculpteur.

Meni : Grand prêtre d'Amon.

Meriptah : Fils du vizir Thoutmès.

Meryrê : Père nourricier. Époux de Baketemané.

Moïse : Fils d'Abraham.

Monaktouf : Architecte.

Moutenejmet : Sœur de Néfertiti.

Moutemnebo : Sœur de Tiyi.

Nabi : Frère de Moïse.

Nebesen : Scribe du Trésor.

Nebetia : Fille de Meryrê.

Neferophis : Fonctionnaire chargé des greniers d'Amon à Karnak.

Neferenpet : Chef des carriers.

Nepnefer : Grand prêtre de Karnak.

Ounéfer : Mère d'Houy.
Paoua : Grand prêtre d'Héliopolis.
Penhout : Supérieur des régions du Nord.
Ptahmès : Fils du vizir Thoutmès. Grand prêtre de Ptah.
Ptamosis : Fils de Menkheper. Grand prêtre de Ptah.
Quenamon : Intendant du palais royal de Memphis.
Ribada : Gouverneur de Byblos.
Samout : Grand prêtre de Karnak.
Satamon : Fille aînée de Tiyi et d'Aménophis III.
Sobekmosé : Artisan d'Amenhotep.
Souty : Artisan d'Amenhotep.
Supiluliuma : Roi du Hatti.
Surer : Intendant du roi.
Taduhepa : Fille de Tushratta, appelée Kiya.
Tanoujy : Responsable du harem de Ouaouat.
Tarundaradu : Chef d'Arzawa.
Temouadjès : Supérieure du harem. Sœur de Houy.
Toutou : Fonctionnaire d'Aménophis IV.

Remerciements

Je remercie M. Mandouh el Beltagui, ministre égyptien du Tourisme ; le Conseil supérieur des Antiquités égyptiennes ; M. Ali el Asfar ; Mme Yushreia Ismaïl pour les facilités qu'ils m'apportent dans mon travail en Égypte ; M. Adel El Masri, directeur d'EgyptAir en France pour son aide et son attention ; M. Kebir d'EgyptAir ; Mme Naheb Rizk pour son aide très précieuse ; M. Sayed Abdel Gawad ; M. Khaled Bakir ; M. Osama Abd el Afiz pour son efficacité ; Mme Suzanne Matsakis, M. Cohen et M. Jean Robert Reznik du groupe Accor, fidèle partenaire culturel, toujours attentif au patrimoine d'un pays ; Mme Catherine Magnien ; M. Alain Y. Khoury et Mme Anna Iliokratidou, d'une rare efficacité et d'une extrême gentillesse.

Toute ma reconnaissance va à M. Randolph Edmonds, directeur général du Sofitel Winter Palace de Louxor, établissement mythique sur les bords du Nil devenu à juste titre une véritable légende ; à M. Sanjiv Malhotra du remarquable Mena House de Gizeh ; à M. W. el Guindy du Novotel Cairo Airport ; à Mme Gunnel Nejjar du Riad Salam de Casablanca ; à Mme Anissa Bouchkoura de la Mamounia de Marrakech ; à M. Werner Gessner du Sonesta Beach de Sharm pour son très chaleureux accueil et sa gentillesse ; à M. Hany Abdel Aziz de l'Heilopark du Caire ; à M. Jacques Bouriot et Mme Fatima Hassoune du magnifique Palmeraie Golf Palace de Marrakech ; à Mme Zakia du Tichka de Marrakech ; à Mme Maryline Veyva de First Maroc, à l'expérience et à l'efficacité sans égales, et à Mme Bouayad de l'Amine.

Je salue de tels professionnels également humanistes, indispensables et attentifs à la culture, grâce à qui la recherche, l'histoire et les découvertes progressent et qui permettent au patrimoine international de sortir de l'ombre.

Violaine VANOYEKE

Avec la participation de :

France Soir

maisondelapresse

Direction littéraire
Huguette Maure

assistée de
Maggy Noël

Crédit photographique
Engerer – Vanoyeke

Composé par P.C.A.
44400 – Rezé

Impression réalisée sur CAMERON par

BRODARD & TAUPIN
GROUPE CPI

La Flèche

pour le compte des Éditions Michel Lafon
en mai 2004

Imprimé en France
Dépôt légal : juin 2004
N° d'impression : 23990
ISBN : 2-7499-0115-4
LAF 379C